ela fala

Mulheres que inspiram mudanças, transformam vidas e marcam a história

Yvette Cooper

PRIMAVERA
EDITORIAL

> "Onde as palavras das mulheres clamam para serem ouvidas, devemos cada um de nós reconhecer nossa responsabilidade de buscar aquelas palavras, para lê-las e compartilhá-las."
>
> ***Audre Lorde***

SUMÁRIO

Introdução, 09

Boudicca
"A decisão de uma mulher", **29**

Rainha Elizabeth I
"O coração e o estômago de um rei", **33**

Sojourner Truth
"Eu sou o direito da mulher em pessoa", **39**

Josephine Butler
"Uma voz na vastidão selvagem", **45**

Emmeline Pankhurst
"Liberdade ou morte", **53**

Eleanor Rathbone
"Um insulto às mães", **63**

Joan O'Connell
"A promessa de um sonho", **71**

Audre Lorde
"Há muitos silêncios a serem quebrados", **79**

Margaret Thatcher
"Esta senhora não é de viradas", **89**

Maya Angelou
"No pulsar da manhã", **99**

Benazir Bhutto
"O *ethos* do Islã é a igualdade entre os sexos", **107**

Barbara Castle
"A luz vermelha se acendeu", **117**

Eva Kor
"Uma mensagem de esperança e cura", **123**

Theresa May
"Modernizando o Partido Conservador", **137**

Wangari Maathai
"Um mundo de beleza e deslumbre", **151**

Ellen DeGeneres
"Eu sei quem sou", **161**

Angela Merkel
"De repente uma porta se abriu", **169**

Alison Drake
"Vá até lá e ponha as mãos na massa", **181**

Joanne O'Riordan
"Sem membros, sem limites", **187**

Julia Gillard
"Ele precisa de um espelho", **195**

Chimamanda Ngozi Adichie
"Todos devíamos ser feministas", **205**

Malala Yousafzai
"Vamos pegar nossos livros e nossas canetas", **217**

Kavita Krishnan
"Liberdade sem medo", **227**

Lupita Nyong'o
"Ser bonita por dentro", **235**

Harriet Harman
"O Parlamento deve liderar pelo exemplo", **243**

Emma Watson
"HeForShe", **255**

Jo Cox
"Mais em comum", **265**

Yvette Cooper
"Grã-Bretanha, temos que fazer a nossa parte", **273**

Michelle Obama
"Quando eles jogam baixo, nós nos destacamos", **287**

Donna Strickland
"A física é divertida", **297**

Alexandria Ocasio-Cortez
"Hoje eu me levanto", **303**

Jacinda Ardern
"Eles somos nós", **309**

Diane Abbott
"Nós não descansaremos", **317**

Lilit Martirosyan
"Estamos fazendo história hoje", **325**

Greta Thunberg
"Vamos começar a agir", **331**

Agradecimentos, 341

Notas, 343

As brasileiras
Quando ela fala, 347

Carlota Pereira de Queirós
"Uma brasileira integrada nos destinos do seu país", 363

Ruth Guimarães
"Negra, escritora, mulher e caipira", 365

Ruth Cardoso
"O combate à pobreza é parte essencial da luta das mulheres brasileiras em prol da igualdade", 373

Zilda Arns
"A construção da paz", 379

Marielle Franco
"O que é ser mulher?", 385

Rachel Maia
"Nós estamos iniciando esse arado", 389

Introdução

Durante séculos, mulheres corajosas e ousadas se manifestaram. Elas usaram suas vozes para reunir comunidades e multidões, persuadir, ensinar e inspirar mudanças. No entanto, muitas vezes suas palavras foram abafadas, e suas poderosas intervenções, omitidas da história. Muitas vezes tiveram de lutar para serem ouvidas, pois havia quem tentasse silenciá-las.

Os discursos fazem parte da minha vida profissional há mais de 20 anos, mas quando pesquisei outros deles em busca de inspiração, em antologias ou on-line, fiquei impressionada com a forma como as mulheres desaparecem – a maioria das coleções inclui poucas delas. Seria um equívoco perdoável pensar que Elizabeth I foi a única mulher na história a fazer um discurso – e até mesmo suas palavras só foram registradas mais tarde, por um homem. Hoje, embora haja muito mais mulheres envolvidas em política, serviços públicos e negócios, ainda é menor a probabilidade de que elas falem ou sejam ouvidas em palcos públicos, conferências ou reuniões.

Este livro chega para revidar. É uma celebração dos discursos de mulheres de todo o mundo ao longo dos séculos – gritos de guerra geniais, polêmicas apaixonadas e manifestações reflexivas. Discursos de rainhas guerreiras e líderes mundiais; adolescentes; ativistas célebres e líderes comunitárias. E eles falam sobre tudo: da física à prostituição; da guerra à beleza.

Por muitos anos desejei organizar este livro, na esperança de que alguns dos discursos que me inspiraram tivessem o mesmo efeito nas outras pessoas, e que encorajassem mais mulheres a falar em público. Afinal, liderança e autoridade geralmente estão atreladas a manifestações públicas – seja na política ou no local de trabalho, seja em eventos comunitários ou em apresentações em escritórios, ou até mesmo em casamentos e funerais. Portanto, se as mulheres não falarem ou não forem ouvidas, jamais ocuparão posições de poder.

Na atual conjuntura, é ainda mais importante promover tais discursos. Primeiro, porque precisamos muito de manifestações mais atenciosas, criativas e apaixonadas, da maior variedade possível de pessoas. Há muitos gritos nos debates públicos: pouco se ouve e pouco se fala. A política é um turbilhão e há uma guerra cultural on-line; no ritmo acelerado das mudanças tecnológicas, populacionais e climáticas, ninguém tem todas as respostas, por isso precisamos que mais vozes sejam ouvidas. Segundo, porque enquanto mais mulheres estão reivindicando o palco e falando publicamente, muitas também enfrentam reações perigosas e são alvo de intimidação – e até de violência. Aquelas que tentam falar estão sendo perseguidas em vez de ouvidas, em tentativas deliberadas de que se mantenham em silêncio.

Em 2018, quando mulheres parlamentares de mais de 100 países se reuniram em Westminster* para celebrar o centenário do primeiro voto feminino no Reino Unido, a maioria delas tinha histórias para contar sobre *bullying*, abuso e ameaças. Mulheres não envolvidas em política, que lideraram campanhas ou se tornaram figuras públicas, podem enfrentar *trolagem* organizada e abuso direcionado, ambos esforços para mantê-las caladas.

O mais chocante de tudo é quando a misoginia vem não apenas dos guerreiros do teclado**, mas do homem mais poderoso do mundo. O ex-presidente dos Estados Unidos Donald Trump incentivava multidões a entoar ofensas contra políticas: para Hillary Clinton, o grito era "*lock her up*" (prendam-na); para a congressista Ilhan Omar, "*send*

---

* É no Palácio de Westminster que estão instaladas as duas Câmaras do Parlamento do Reino Unido. [N. T.]

** A autora se refere, aqui, a pessoas que usam seus computadores e habilidades em tecnologia da informação para lutar ou defender causas políticas, sociais ou culturais nas redes sociais e na internet em geral. Geralmente, utilizam a internet como uma plataforma para expressar suas opiniões e para defender suas causas, seja por meio de blogs, postagens nas redes sociais, fóruns de discussão, seja por outras formas de comunicação on-line. [N. E.]

her back" (mandem-na de volta). Ele as chamou de "*dogs*" (cadelas), "*fat pigs*" (porcas gordas) e "*slobs*" (porcalhonas), e deu o tom para as ondas de ameaças e abusos não apenas direcionados às políticas, mas às mulheres em geral.

No Reino Unido, as parlamentares recebem rotineiramente ameaças de morte ou de estupro – e o abuso é muito mais intenso quando voltado para negras, muçulmanas ou judias. Conheço mulheres talentosas que estão desistindo da política por causa disso. Na Câmara dos Comuns, membros do Parlamento se sentam sob um brasão pintado em homenagem à nossa colega Jo Cox, assassinada há três anos por simplesmente fazer seu trabalho.

Há cinco anos, eu não poderia imaginar nada disso acontecendo. Jamais cogitaria perder uma amiga de modo tão violento. Nunca pensei, quando me tornei parlamentar, que haveria semanas em que meu escritório teria de fazer 35 denúncias de ameaças – algumas delas tão graves que levariam a prisões. Que seres humanos os quais sequer conheço torceriam para que eu fosse espancada, baleada ou ferida porque não gostaram de algo que eu disse. Nada disso é normal e jamais devemos tratá-lo dessa maneira.

É por tudo isso que surgiu este livro. Em vez de deixar mulheres brilhantes serem silenciadas, eu queria que mais e mais pessoas ouvissem suas vozes e palavras. Ao procurar por discursos diferentes, deparei-me com histórias maravilhosas e inspiradoras que mostram como tais manifestações podem mudar mentalidades e vidas.

Também descobri histórias que mostram os obstáculos que tiveram de superar e evidências chocantes de que a reação contra aquelas que se manifestam não é recente. Mas a bravura de mulheres fortes que persistem e vencem também não é.

O poder do discurso

Meu pai me ensinou a fazer discursos e me deu confiança para falar. Ele era um sindicalista que defendia os direitos dos membros do sindicato em conferências e em lojas, persuadindo multidões a se zangarem e brigarem, ou a se acalmarem, porque esse era o melhor acordo que conseguiriam. Ele me contou sobre os discursos que fez, como escreveu seus argumentos à mão, depois pela segunda vez, apenas como notas, e como sempre se esforçava para memorizar suas falas, não as ler em um papel. Eu escutei.

Falar em público é algo que faz parte do meu trabalho, e da minha vida, há mais de 20 anos. Fiz discursos bons, discursos ruins, discursos engraçados, discursos vagos e discursos que foram, francamente, incrivelmente monótonos. Em cada um deles pode haver um momento de nervosismo. Cada um pode ser complicado à sua maneira. Discursei nas mais estranhas circunstâncias, às vezes com um de nossos filhos pendurado na minha saia, correndo pela sala ou interferindo.

Durante anos, meu marido, Ed Balls, e eu tivemos que fazer discursos importantes em paralelo na Conferência do Partido Trabalhista – e nos revezamos para praticar a leitura com uma tábua de passar roupa fazendo as vezes de púlpito no hotel da conferência, reescrevendo as perorações ou as piadas um do outro. Certa vez, decidi excluir do meu discurso um trecho sobre o combate ao comportamento antissocial quando Ed voltou da tradicional partida de futebol entre parlamentares e a mídia divulgou que ele acertara uma cotovelada no olho de um jornalista.

Meus piores momentos aconteceram quando julguei mal o meu público. Em uma ocasião, inaugurando um programa de extensão escolar, falei por muito tempo sobre a importância da educação, até que um garoto de sete anos, impaciente, subiu no palco e abriu a cortina atrás de mim. Os pais aplaudiram em voz alta e uma onda de alívio se espalhou pela sala.

Foi por causa de um discurso que, em 1997, eu me tornei parlamentar pelo Partido Trabalhista do Reino Unido. Estávamos em um salão lotado na Castleford High School*, na reunião local de seleção do Partido Trabalhista. Eu tinha apenas 28 anos. Havia vários homens mais velhos no painel e ninguém – inclusive eu – esperava que eu fosse escolhida como candidata. Mas falei como meu pai havia me ensinado – com base nas anotações que memorizara e com o meu coração, e não lendo um texto.

---

* A Castleford Academy é uma escola secundária em Castleford, West Yorkshire, Inglaterra, para crianças de 11 a 18 anos. [N. E.]

Comecei meu discurso falando dos alunos da Castleford High School, que em breve fariam seus exames naquele mesmo salão. Eles precisariam de um parlamentar disposto a lutar por seu futuro. Falei sobre meu avô, que era mineiro, como muitos dos homens no recinto, e acerca dos valores que me levaram a ingressar no Partido Trabalhista – e como o futuro seria melhor com um governo trabalhista. Os membros do partido me disseram depois que o discurso fez com que mudassem de ideia e decidissem me apoiar. E em oito semanas, ainda em estado de choque, entrei na Casa dos Comuns como MP* de Pontefract e Castleford.

Desde então, vi como os discursos podem mudar a mente e a vida das pessoas. O debate público é a força vital da democracia – o uso de palavras, não de espadas, para transformar uma nação. Palavras ditas podem curar e unir comunidades, ou despertar raiva e espalhar veneno.

Os discursos têm poder, mas não apenas na política. Eles estão presentes nos marcos da nossa vida – em brindes de casamento, drinques de comemoração de aposentadoria, orações fúnebres. Mesmo no *Last Night of*

---

* Um membro do Parlamento (MP) na Câmara dos Comuns no Reino Unido é um(a) político(a) eleito(a) para representar uma circunscrição eleitoral específica no Parlamento britânico. Os membros do Parlamento são eleitos por voto popular em eleições gerais, que geralmente são realizadas a cada cinco anos. [N. E.]

The Proms*, aguardo com expectativa o breve discurso do maestro – vendo como as frases dançam entre as músicas e emocionam a plateia. Já as palestras do TED Talks atraem novos públicos a cada dia que passa, pois milhões de pessoas assistem on-line a algumas das apresentações de 15 minutos mais populares, a respeito de todo tipo de tema – desde linguagem corporal a viagens espaciais.

Onde estão as mulheres?

A falta de discursos proferidos por mulheres é algo com que devemos nos importar – e muito, uma vez que eles têm tanto poder. Apesar do crescente número de mulheres em posições de liderança, discursos em público ainda parecem território dos homens.

Conforme 2020 se aproxima**, as mulheres ainda têm menos chances de ocupar cargos públicos, menos chances de falar em conferências, menos chances de liderar uma *call*. Mesmo nas antologias recentes ou nas celebrações on-line que envolvam oratória, as mulheres ainda estão

---

* *Last Night of The Proms* é o último dos espetáculos de The Proms, festival anual de oito semanas que inclui concertos de música clássica e outros eventos que se realizam predominantemente no Royal Albert Hall, no centro de Londres. É transmitido ao vivo pela BBC. [N. T.]

** Este livro foi publicado pela primeira vez em 2019. [N. T.]

notavelmente ausentes – geralmente representando apenas um em cada cinco, ou até mesmo em cada dez dos discursos escolhidos.

Para mulheres que atuam em esferas tradicionalmente masculinas, esse tipo de manifestação pode ser assustador. A fim de manter sua audiência atenta, você deve ter confiança em sua autoridade, mas também sentir que tem algo em comum com os ouvintes – e tudo isso é mais difícil se você estiver se dirigindo a um público masculino. Harriet Harman descreveu como era falar no Parlamento nos anos 1980, quando quase não havia mulheres. Ela ouviu queixas de todos os lados ao se atrever a se levantar e falar sobre cuidados infantis. E mesmo eu, quando fui eleita com mais mulheres, em 1997, muitas vezes me vi encarando as fileiras de homens queixosos que ocupavam os bancos da oposição conservadora.

Lembro-me de ter sido convidada, como ministra da Saúde Júnior, a integrar a mesa em uma coletiva de imprensa do Partido Trabalhista durante as eleições gerais de 2001. Também estavam lá o primeiro-ministro Tony Blair, o chanceler Gordon Brown e o secretário de Saúde Alan Milburn. Com toda razão, o partido percebera que realizar uma coletiva de imprensa só com homens não transmitia uma impressão positiva. Em estágio avançado de gravidez, me desloquei de Yorkshire para comparecer. Entretanto, quando cheguei, ficou evidente para mim que ninguém realmente esperava que eu falasse, fizesse algum anúncio ou apresentasse argumentos. Eles também não esperavam que eu respondesse a nenhuma pergunta feita pelos jornalistas. Tive de insistir para falar e, em certo momento, fui obrigada a interromper Tony Blair para dar uma resposta. Morri de vergonha ao fazer isso, mas o constrangimento seria pior se eu ficasse ali, sentada, em silêncio naquele palco.

O *Penguin Book of Historic Speeches*[***], publicado em meados da década de 1990, ofereceu a seguinte explicação para os poucos discursos femininos inclusos:

> "Há três motivos. O primeiro é que, até meados do século XX, poucas mulheres chegavam aos palcos e palanques. O segundo, apresentado por algumas feministas, é que as mulheres não queriam participar do jogo machista de dominação pela fala. O terceiro é físico – a voz feminina não é naturalmente adequada à oratória. Ela não é grave o bastante".

Mas isso é tão ridículo! A ideia de que a voz da mulher não é masculina o suficiente para fazer um discurso é um absurdo. Diga isso àquelas cujas palestras no TED

[***] Em tradução livre, "Livro de discursos da Editora Penguin". Cf.: MacArthur, Brian. *Penguin Book of Historic Speeches*. Londres: Penguin Books, 2017.

Talks foram assistidas e apreciadas por milhões – como Chimamanda Ngozi Adichie, que integra este livro. As mulheres representam 10 dos 25 principais TED Talks on-line. A voz mais aguda não impediu o público de gostar das suas palavras.

Sim, é verdade que até recentemente havia poucas primeiras-ministras, presidentas ou ganhadoras do Prêmio Nobel, mas concentrar-se apenas nos grandes palcos ou gabinetes de Estado significa perder discursos poderosos feitos por mulheres nos salões de igreja, nas salas de reunião ou nas lojas. É certo que alguns deles são mais difíceis de serem encontrados – e muitos não são transcritos. Levei mais tempo para encontrar discursos gravados de algumas das primeiras sindicalistas e até mesmo de ativistas comunitárias mais recentes, mas isso não significa que essas mulheres não estavam falando sobre o que acreditavam. Tampouco significa que foram menos importantes do que as palavras de reis e príncipes. Muitos dos discursos que escolhi captam movimentos, em vez de momentos. Os discursos de abolicionistas, de sufragistas, de antiextremistas ou de ambientalistas mudaram mentes e vidas. Diferentemente dos primeiros-ministros e presidentes em grandes palcos, nenhuma delas, por si só, tinha o poder de mudar o curso de um país, mas juntas fizeram algo ainda mais difícil e importante: elas construíram movimentos, discurso após discurso, percorrendo cidades e vilas, persuadindo estranhos, espalhando suas palavras on-line. E movimentos foram e são mais poderosos do que o discurso de qualquer líder poderia ser.

Existem inúmeras histórias de mulheres pioneiras falando e se manifestando não nos grandes palcos, mas ao redor e atrás deles. Encontrei muitas delas no decorrer da minha pesquisa e as incluí aqui, mas há milhões de outras, tanto das quais ouvimos falar quanto das que não conhecemos. Elas não devem mais ser esquecidas ou empurradas para a periferia. É hora de colocá-las no centro do palco.

Também é absurda a ideia de que as mulheres são as culpadas por rejeitarem a chance de aderir à tradição masculina de fazer discursos. Essa antologia da Penguin foi escrita no mesmo ano em que Hillary Clinton declarou, nas Nações Unidas, que "os direitos das mulheres são direitos humanos", e que Benazir Bhutto se dirigiu às Nações Unidas como a primeira mulher eleita a chefiar uma nação islâmica. As mulheres não evitam o discurso público – na verdade, há séculos são excluídas deles.

Cresci na Grã-Bretanha nos anos 1970, portanto a maioria dos discursos que ouvi foi proferida por homens: diretores de escolas, políticos, vigários e prefeitos. Por séculos, as principais tradições oratórias – de líderes políticos e cívicos a seus distritos eleitorais, líderes militares a suas tropas e líderes religiosos a suas congregações – eram proibidas para mulheres. Na Grécia Antiga, elas eram excluídas da vida pública e de posições de poder, cenários que tipicamente levavam aos discursos. Mary Beard, célebre classicista, escreveu em seu livro *Mulheres e poder*[*]:

> "Discursos públicos e oratória não eram apenas coisas que as mulheres antigas *não faziam*: eram práticas e habilidades exclusivas que definiam masculinidade como um gênero".

As tradições orais das mulheres, transmitindo histórias de uma geração a outra, não foram consideradas como discursos da mesma maneira. Não valorizamos o bastante essa tradição de falar em público. Minha mãe era professora de matemática, e todos os dias ela tinha que se postar diante uma turma de adolescentes, prender a atenção deles, manter sua autoridade, plantar ideias e convencê-los a abrir a mente. Na verdade, ela discursava todos os dias – e com muito mais frequência do que meu pai ou eu já fizemos em nossos trabalhos –, mas ninguém pensa no ensino dessa forma.

As mulheres também sempre enfrentaram a pressão adicional de serem julgadas por sua aparência – suas roupas e seus cabelos, bem como o som de sua voz. Até mesmo os historiadores romanos que registraram os

---

[*] Beard, Mary. *Mulheres e poder*: um manifesto. São Paulo: Planeta, 2018.

gritos de guerra de Boudica* não deixaram de comentar sua aparência física e vestuário. E eu sei bem quantas vezes gastei muito tempo me preocupando com a roupa que iria usar durante um discurso, sabendo que seria julgada pela minha imagem tanto quanto por minhas palavras.

O medo do julgamento por aparência, voz ou palavras pode ser paralisante. A verdade é que, por maior ou menor que seja o palco, falar em público é uma exposição – e isso sempre pode ser arriscado e difícil. Em um dos meus discursos favoritos neste livro, a poeta e ativista de direitos civis Audre Lorde argumenta que falar "nunca é sem medo – da visibilidade, da luz severa do escrutínio e talvez do julgamento [...]". Mas ela também afirma que a visibilidade nos fortalece; que nosso silêncio não nos protegerá.

Mesmo depois de anos fazendo discursos, ainda os acho estressantes e, às vezes, quero fugir e me esconder. Se você lançar suas palavras ao mundo, alguém discordará, alguém tentará derrubá-las. Mas elas também elevarão os

---

* Boudica (também conhecida como Boadicea ou Boudicca) foi uma rainha celta que liderou uma rebelião contra a ocupação romana na Britânia no século I d.C. Ela era a esposa do rei Prasutagus, que governava o povo iceni no que é agora o leste da Inglaterra. Quando Prasutagus morreu, ele deixou metade de seus bens para o Império Romano e a outra metade para suas filhas, mas os romanos ignoraram seu testamento e tomaram posse de tudo. [N. E.]

outros, e nos ajudam a constituir preciosas relações pessoais e a criar poderosas relações públicas. É dessa forma que construímos nossas comunidades e cidades, ensinamos nossos filhos, instilamos a esperança e criamos uma visão para o futuro.

Se você acredita que suas palavras precisam ser ditas, não pode se afastar e torcer para que alguém as diga. Seja você quem for, sua voz é importante.

Ela fala

Para este livro, escolhi discursos que me inspiram e estimulam, na esperança de que causem o mesmo efeito nos leitores. Eles vêm de todo o mundo e atravessam gerações – de Boudica a Greta Thunberg. Aqui, incluí histórias e experiências que as mulheres compartilharam amplamente, mas espero que também reflitam a diversidade de experiências enraizadas em classe, raça, sexualidade ou deficiência, assim como os diferentes países, culturas e séculos em que viveram.

Nem todos esses discursos mudaram o mundo – embora alguns o tenham feito e continuarão fazendo isso –, mas inspiram, encorajam e intrigam. Alguns são lindos, poéticos e retóricos. Outros são simples. Com alguns, como o de Julia Gillard, concordo plenamente. De outros, como o de Margaret Thatcher, eu discordo. Mas cada discurso tem força e propósito. E havia muitos, muitos outros que eu poderia ter escolhido – limitar a seleção do livro foi uma tarefa difícil.

Metade dos discursos são da Grã-Bretanha, os outros são de todo o mundo. Alguns são de líderes nacionais como Angela Merkel e Benazir Bhutto, outros são de celebridades como Lupita Nyong'o, Emma Watson ou Ellen DeGeneres. Há, ainda, discursos de ativistas locais de quem você provavelmente nunca ouviu falar, como a sindicalista Joan O'Connell, cujas palavras ecoaram em uma das cenas do filme *Revolução em Dagenham**, ou minha amiga de Castleford Alison Drake, que liderou uma notável regeneração da comunidade em nossa cidade, basicamente organizada em torno da pauta das jazidas carboníferas. Incluí um discurso de Malala quando ela tinha apenas 16 anos e um discurso de Barbara Castle, que, na época, estava prestes a completar 90 anos.

Alguns são difíceis de ler. Incluí o discurso de estreia** da minha amiga Jo Cox, feito apenas um ano antes de ela ser morta. E talvez o discurso mais importante de todos seja o testemunho de Eva Kor, sobrevivente do Holocausto, sobre

---

* Com o título original *Made in Dagenham*, o filme de 2010 traz Sally Hawkins no papel de Rita O'Grady, funcionária da Ford Motors que lidera um levante contra a discriminação e o machismo. [N. T.]

** O primeiro discurso de um parlamentar no plenário em sua estreia em Westminster. [N. T.]

sua terrível experiência em Auschwitz. Kor morreu com quase 90 anos, enquanto eu organizava este livro.

Cada uma dessas mulheres falou com propósito e determinação. Cada uma demonstrou liderança e força diante de obstáculos. E elas revelaram que a oratória poderosa e persuasiva pode, certamente, ser feminina.

Ela não será silenciada

Há um lado sombrio em todas essas histórias. Ao reunir os discursos, fiquei impressionada e, de fato, horrorizada com quantas dessas mulheres corajosas tiveram de enfrentar graves ameaças, violência ou abusos cometidos por aqueles que queriam que ficassem caladas. O que vemos ao longo das histórias é que quem teme a voz das mulheres muitas vezes recorre à violência ou ao *bullying* para conseguir o que quer – das 40 mulheres deste livro, a maioria já enfrentou graves ameaças, abuso ou violência por se manifestar.

Boudica foi atacada e teve suas filhas estupradas porque ousou falar contra a autoridade romana. Josephine Butler, a ativista vitoriana pelos direitos das mulheres, teve de escapar por uma janela quando o celeiro em que estava falando foi incendiado por seus oponentes. Sojourner Truth, a abolicionista, enfrentava multidões raivosas do lado de fora das igrejas em que falava. As sufragistas foram torturadas e alimentadas à força. Benazir Bhutto, primeira mulher a se tornar primeira-ministra do Paquistão, foi assassinada pelo Talibã. Décadas depois, o mesmo grupo atentou a tiros contra Malala Yousafzai por lutar pelo acesso à educação para meninas.

Wangari Maathai, a ambientalista queniana, foi brutalmente espancada pela polícia por seu ativismo pacífico. Julia Gillard, a ex-primeira-ministra australiana, sofreu um bombardeio de abusos misóginos e ameaças violentas. Ellen DeGeneres recebeu ameaças de morte e teve seu programa de TV cancelado depois que se assumiu lésbica. Diane Abbott, a primeira parlamentar negra da Grã-Bretanha, foi alvo, sozinha, de mais do que a metade dos abusos ofensivos direcionados a parlamentares britânicos durante a última eleição geral. A parlamentar trabalhista Jo Cox, minha colega, foi morta por um extremista de direita em 2016.

Em 2019, Lilit Martirosyan, a primeira ativista transgênero a falar no Parlamento armênio, teve que se esconder após sofrer ameaças à sua vida. Alexandria
Ocasio-Cortez, estrela democrata em ascensão, estava entre as quatro congressistas americanas que o ex-presidente dos Estados Unidos mandou "voltarem para o lugar de onde saíram", e Greta Thunberg, ativista ambientalista de 16 anos, enfrentou terríveis ataques on-line por ter ousado falar.

Mas este livro é a prova de que as mulheres não serão silenciadas. As sufragistas não foram silenciadas. As abolicionistas também não. As ativistas de hoje também não são dissuadidas. As histórias dessas mulheres devem nos inspirar a desafiar a crescente onda de ódio e misoginia alimentada por uma minoria on-line e off-line. Porque agora há mais de nós dispostas a falar. E haverá mais ainda, e não só mulheres que falam, mas homens que nos apoiam quando o fazemos.

As mulheres deste livro não se calaram. Suas palavras vivem em seus discursos, e viverão mesmo depois que elas se forem. Porque, como Jo Cox disse, "temos muito mais em comum do que aquilo que nos divide". Porque, como Michelle Obama disse, "quando eles jogam baixo, nós nos destacamos". E porque, como disse Audre Lorde, "há muitos silêncios a serem quebrados".

No entanto, talvez a mensagem mais inspiradora de todos esses discursos não tenha a ver com as imensas dificuldades que essas oradoras tiveram de superar, mas com a luz adiante – a convicção de que haveria um futuro melhor. Da confiança de Angela Merkel, que espera encontrar uma porta nas paredes mais escuras, ao poema cheio de esperança de Maya Angelou, sobre a pulsação de um novo dia, são mulheres que confiam no poder das palavras para convencer outras pessoas a se unirem a sua causa e, juntas, construírem um mundo melhor. Essas são mulheres que fazem coisas maravilhosas. Mulheres que fazem coisas normais. Mulheres como todas nós.

Todas são mulheres que me levaram a pensar: "Preciso ouvir o que ela tem a dizer".

Boudicca
"A decisão de uma mulher"

Batalha de Watling Street
Por Tácito, 60 d.C.

Há dois mil anos, uma rainha guerreira britânica fez este discurso incrível.

É um dos primeiros relatos que temos de oratória em público de qualquer mulher e é um rugido furioso contra a violação.

Ao lê-lo, acho surpreendente que tenha sido feito há tanto tempo, pois muitas das imagens e ideias atribuídas a Boudica continuaram ecoando ao longo dos séculos desde então, inclusive nos discursos de outras mulheres encontrados neste livro.

Após a morte de seu marido, em 60 d.C., os romanos se recusaram a aceitar Boudica e suas filhas como herdeiras das terras e da regência do povo iceni. Ela foi açoitada, suas filhas, estupradas, e outros anciãos daquele povo, mortos. A crueldade dos romanos provocou revolta entre vários povos celtas. Boudica, então, liderou as tribos unidas, que tomaram Colchester e

Londres, queimaram edifícios e mataram milhares de pessoas antes de finalmente serem derrotadas em algum lugar do condado de Midlands, na Batalha de Watling Street.

Tudo o que realmente sabemos sobre ela são as histórias que homens contaram a seu respeito alguns anos depois. Dião Cássio a descreve como "muito alta, de aparência extremamente aterrorizante, de olhar feroz e voz áspera". Tácito, cujo relato do discurso de Boudica se encontra ao fim deste capítulo, fala dela em seu carro de guerra conduzindo os povos unidos, seu discurso um emocionante grito de guerra.

As palavras de Boudica são emocionantes. Seu pedido feroz de "uma vingança justa" contra a violação de mulheres e terras ecoaria 1.500 anos depois, quando Elizabeth I discursou para suas tropas em Tilbury. E sua invocação da "determinação de uma mulher", pronta para vencer ou morrer, seria empregada pelas sufragistas, que usavam a imagem dela em seus materiais de propaganda e protesto.

A retórica talvez deva muito a Tácito, mas a lenda de uma líder guerreira que inspira seu povo, defendendo as filhas e a terra, tornou-se uma parte importante da história britânica. Como guerreira belicosa ou destemida rainha e mãe, sua imagem foi apropriada ao longo dos séculos por elisabetanos e vitorianos, que ergueram monumentos em sua homenagem.

Um desses monumentos fica na Ponte de Westminster, em Londres: uma enorme estátua de bronze de Boudica e suas filhas. Com os braços erguidos para o céu, cavalos com duas patas no ar, cabelos ao vento, três mulheres seguem, em seu carro de guerra, em direção ao Big Ben. Candidatas e ativistas de hoje se reúnem próximo a essa estátua e ao Parlamento, dando continuidade à longa tradição de mulheres que protestam contra a injustiça e transformam dor e humilhação pessoal em demanda por mudanças.

Segundo o historiador romano Tácito, este é o discurso que Boudica fez aos povos unidos antes de conduzi-las à batalha final.

❝ Mas agora,
não é como uma mulher descendente de ancestrais nobres,
mas como pessoa do povo que busco vingança para a liberdade perdida,
meu corpo açoitado,
a castidade ultrajada de minhas filhas.

A luxúria romana foi tão longe que nem nossa própria pessoa, nem mesmo a idade ou a virgindade restam imaculadas.

Mas os céus estão ao lado de quem busca uma vingança justa;
uma legião que ousou nos enfrentar pereceu;
os demais estão escondidos no acampamento ou pensando ansiosamente em fugir.

Eles sequer suportarão o barulho e o grito de tantos milhares, que dirá nosso ataque e nossos golpes.

Se vocês pesarem bem a força de nossos exércitos e as causas da guerra, verão que, nesta batalha, é conquistar ou morrer.

Esta é a decisão de uma mulher; quanto aos homens, eles podem viver e ser escravos. 99

Rainha Elizabeth I
"O coração e o estômago de um rei"

Discurso às tropas em Tilbury
1588

O primeiro discurso que li em minha vida foi o de Elizabeth I para as tropas em Tilbury. Naquele ano, em 1977, era comemorado o Jubileu de Prata da rainha Elizabeth II, e nossa escola primária celebrava tudo que fosse elizabetano, dos séculos XVI a XX. Achei na biblioteca um livro antigo da Ladybird* sobre a rainha Elizabeth I, e foi lá que me deparei com esse discurso – e adorei, tanto pelo ritmo e poesia quanto pelos sentimentos e histórias. Acabei decorando tudo.

Quando Elizabeth I proferiu esse discurso, ela já era rainha havia 30 anos, mas a Inglaterra

---

* Ladybird Books é um selo do grupo Penguin voltado para o público infantil. [N. T.]

continuava dividida, conturbada e com medo de invasão pela imponente Invencível Armada da Espanha. Quando viajou para Tilbury, a Armada já havia partido em retirada após lutar contra a frota inglesa, e a ameaça de invasão começava a parecer menos provável. Mas a decisão de Elizabeth de aparecer a cavalo e se dirigir às milhares de tropas reunidas foi inteligente e importante.

A derrota da Invencível Armada tornou-se um ponto de virada para a autoconfiança e a autoimagem do país como potência militar emergente. O poder do discurso – seu tempo, sua magnificência, suas palavras – uniu a vitória de Elizabeth à Inglaterra para sempre, entrelaçando a força da rainha com a da própria nação.

Há ecos fortes do discurso de Boudica, proferido 1.500 anos antes: uma rainha que precisa inspirar as tropas para salvar o território e seu povo dos invasores; uma mulher que deve estabelecer sua autoridade perante um exército formado por homens; um discurso, um espírito e uma imagem icônica que persistem ao longo dos séculos, mas cujas palavras só viríamos a conhecer por relatos masculinos escritos muitos anos depois.

Como Boudica, Elizabeth procura primeiro convencer que fala por e com suas tropas – Boudica diz que é uma "pessoa do povo", Elizabeth promete "viver e morrer entre vocês". Como Boudica, ela invoca as imagens de violação e desonra – Boudica pede vingança: "[por] meu corpo açoitado, a castidade ultrajada de minhas filhas"; Elizabeth, o desprezo pela "desonra" e a qualquer príncipe que, em suas palavras: "ouse invadir as fronteiras de meu reino".

Para Boudica, a violação da rainha é a violação do povo iceni. Para Elizabeth, a violação do país é a violação da Rainha Virgem. Porém, enquanto Boudica usa sua feminilidade como força – "esta é a decisão de uma mulher" –, Elizabeth I só a transforma em força quando demonstra sua capacidade de negá-la, em sua frase mais famosa: "Sei que meu corpo é o de uma mulher fraca e debilitada, mas tenho o coração e o estômago de um rei".

Este relato de seu discurso foi retirado de uma carta enviada, 65 anos depois, por Leonel Sharp ao duque de Buckingham. Sharp afirma que estas são as palavras dela, as quais ele foi instruído a transmitir às tropas na época. Porém, mesmo que as palavras em si não sejam totalmente verossímeis, o espetáculo do discurso e os mitos que o envolvem comprovam que Elizabeth I foi, de fato, uma líder notável.

> Meu amado povo,
> fomos convencidos, por alguns que se preocupam com nossa segurança, a termos cuidado com a forma como nos misturamos às multidões armadas, por medo de traição;
> porém, garanto a vocês que não desejo viver para desconfiar do meu fiel e amado povo.

Que os tiranos temam, sempre me comportei de modo que, diante de Deus, depositei fortaleza e segurança nos corações leais e generosos de meus súditos;

portanto, venho diante de todos, como podem ver, neste momento, não para me divertir ou entreter, mas determinada, em meio e no calor da batalha, a viver e morrer entre vocês;

entregar a Deus, meu reino e meu povo a minha honra e o meu sangue, mesmo que seja derramado na terra.

Sei que meu corpo é o de uma mulher fraca e debilitada;

mas meu coração e estômago são de um rei, e um rei da Inglaterra.

E me enoja que Parma ou Espanha, ou qualquer outro príncipe da Europa, ouse invadir as fronteiras de meu reino; se isto ocorrer, antes que qualquer desonra recaia sobre mim, eu mesma empunharei armas, eu mesma serei seu general e seu juiz, e saberei recompensar cada uma de suas virtudes no campo de batalha.

Eu sei desde já que, por sua presteza, vocês mereceram prêmios e coroas; e nós lhes asseguramos, pela palavra de um príncipe, eles serão devidamente pagos.

Enquanto isso, meu tenente-general estará em meu lugar, e digo que jamais nenhum príncipe comandou um súdito mais nobre ou digno;

não duvido de que por sua obediência ao meu general,

por sua concórdia no campo

e por sua coragem na batalha,

nós obteremos, sem demora, uma gloriosa vitória sobre estes inimigos de Deus, do meu reino e do meu povo. **"**

Sojourner Truth
"Eu sou o direito da mulher em pessoa"

Akron, Ohio
Maio de 1851

Sojourner Truth não sabia ler nem escrever. Mas, céus, ela sabia falar.

Nascida em plena escravidão, no estado de Nova York, como Isabella Baumfree, ela foi vendida em leilão com apenas nove anos. Nos primeiros 30 anos de sua vida, foi espancada, comprada e vendida várias vezes, antes de fugir para a liberdade com sua filha mais nova. No entanto, foi forçada a deixar seus outros filhos para trás.

Sojourner Truth foi o nome que escolheu para si. Ela se tornou uma cristã apaixonada e juntou-se a abolicionistas em turnê pelo país, em uma campanha contra a escravidão, tornando-se uma das oradoras mais valentes e poderosas – e, além de contestar a escravidão, defendia os direitos das mulheres. Na época, lutar por mudanças políticas geralmente significava viajar de cidade em cidade, falar em palanques públicos e encontrar palavras apaixonadas para convencer estranhos a se unirem à sua causa.

Isso não deve ter sido nada fácil. Truth já havia sofrido tortura, violência, exploração e servidão. E, enquanto falava com o intuito de ajudar os outros, enfrentava ameaças de violência, raiva e intimidação, além de racismo e discriminação. Mas persistiu. Há relatos de multidões enfurecidas reunidas em igrejas e salões para tentar silenciá-la – em uma ocasião, ela chegou a cantar para acalmá-las.

Este discurso na Convenção de Ohio, em 1851, é o mais famoso. Mas essa não é a versão mais consagrada. Ela foi publicada um mês depois por sua amiga, a jornalista Marius Robinson, no *Anti-Slavery Bugle**, com o seguinte comentário: "Apenas aqueles que viram sua postura poderosa e seus gestos carregados de paixão e ouviram os tons graves e verdadeiros de sua voz podem apreciar essas palavras". Proferido sem nenhuma anotação, notamos no discurso o mesmo ritmo dos pastores e menções à Bíblia que os outros liam para ela.

---

* O *Anti-Slavery Bugle* foi um jornal abolicionista americano que circulou de 1845 a 1861, durante um período crucial da luta contra a escravidão nos Estados Unidos. O jornal foi fundado em New Lisbon, Ohio, por Benjamin S. Jones e Marius R. Robinson, ambos ativistas abolicionistas e defensores dos direitos das mulheres. [N. T.]

A versão mais famosa, no entanto, ensinada nas escolas e incluída nas antologias por muitas décadas, foi escrita 13 anos depois pela colega abolicionista de Truth, Frances Gage. A versão de Gage acrescentou um sotaque do sul, ainda que Truth tenha crescido em Nova York e falasse holandês. Confere a Truth oito filhos a mais do que se acredita que ela tenha tido; acrescenta uma nova retórica. Talvez o dialeto do sul esteja mais de acordo com as suposições das pessoas sobre a escravidão no sul. Ou talvez tenha sido a retórica marcante de Gage – ela mesma era oradora e ativista, e sua versão do discurso inclui as famosas falas:

> "Não sou eu uma mulher?
> Arei a terra e plantei e enchi os celeiros e
> nenhum homem podia se igualar a mim!
> Não sou eu uma mulher?".

Por mais poderoso que seja o discurso transcrito por Gage, escolhi a versão anterior e mais simples, de Robinson.

Sojourner Truth era uma mulher extraordinária – suas palavras não precisam de adornos.

❝ Eu quero dizer algumas palavras sobre este assunto. Eu sou o direito da mulher em pessoa.
Eu tenho tantos músculos quanto qualquer homem, e posso trabalhar tanto quanto qualquer homem.

Eu arei e colhi e debulhei e cortei e aparei, e algum homem pode fazer mais do que isso?

Eu ouvi muito sobre os sexos serem iguais.

Sou capaz de carregar tanto quanto qualquer homem, e de comer também, quando consigo comida.

Sou tão forte quanto qualquer homem que vive.

Quanto ao intelecto, tudo que posso dizer é, se uma mulher tem uma caneca e o homem um barril, por que a canequinha dela não pode estar cheia?

Os senhores não precisam ter medo de nos dar nossos direitos por receio de que tomemos demais, porque não vamos conseguir tomar mais do que cabe em nossa caneca. Os pobres homens parecem todos confusos, e não sabem o que fazer.

Meus filhos, se os senhores detêm os direitos das mulheres, entreguem a elas e vão se sentir melhor. Vocês terão seus próprios direitos, e eles não serão tanto problema.

Eu não sei ler, mas consigo ouvir. Eu ouvi a Bíblia e aprendi que Eva levou o homem a pecar.

Bem, se a mulher perturbar o mundo, dê a ela a chance de ajeitar tudo de novo.

A Senhora falou sobre Jesus, como ele nunca afastou as mulheres dele, e ela estava certa. Quando Lázaro morreu, Maria e Marta foram até ele com fé e amor e pediram que ele levantasse o irmão delas.

E Jesus chorou – e Lázaro saiu de seu sepulcro. E como Jesus veio ao mundo?

Por intermédio de Deus, que o criou, e à mulher, que o deu à luz. Homem, qual foi o seu papel?

Mas as mulheres estão se levantando com as bênçãos de Deus e alguns homens se levantam com elas. Mas o homem está em uma situação difícil, os pobres escravos o pressionam, as mulheres o pressionam, ele certamente está entre um falcão e um abutre. 𝟗𝟗

Josephine Butler
"Uma voz na vastidão selvagem"

1874

Para minha vergonha, eu nunca tinha ouvido falar de Josephine Butler até seu nome ser citado em uma conversa casual no Pontefract Museum há alguns anos. Foi então que ouvi a história de sua campanha durante as eleições extraordinárias de Pontefract, em 1871, a primeira eleição parlamentar a ser realizada por voto secreto, quase 50 anos antes de que qualquer mulher pudesse votar e, com certeza, bem mais de um século antes de eu ser eleita a primeira parlamentar do sexo feminino de Pontefract, em 1997.

O candidato liberal nas eleições extraordinárias de 1871 era Hugh Childers – que concorria à reeleição e defendia o Contagious Diseases Act [Lei das Doenças Contagiosas], que Josephine Butler estava decidida a derrubar. Essa lei permitia que as mulheres acusadas de prostituição fossem examinadas clinicamente à força e, se houvesse sinais de infecções sexualmente transmissíveis, levadas à prisão.

Butler se referia à lei como "estupro de aço" e ficava horrorizada com o fato de que fosse usada para controlar mulheres e perseguir prostitutas, enquanto os homens que compravam sexo, exploravam mulheres e espalhavam doenças eram simplesmente ignorados. Ela criou a Ladies National Association Against The Act [Associação Nacional de Senhoras contra a Lei], ajudou a reunir milhares de assinaturas em petições e percorreu o país, discursando em 99 reuniões e comícios públicos.

Como Sojourner Truth e os abolicionistas do outro lado do oceano, e tal qual as sufragistas que vieram depois dela, Butler lutava por uma voz, enquanto o voto ainda lhe era negado. Para construir um movimento, ela teve de viajar e discursar para estranhos, corajosamente buscando novas audiências onde quer que pudesse encontrá-las. Seus oponentes usaram de violência, ameaças e abuso para tentar detê-la. Em uma ocasião, as janelas de seu quarto de hotel foram quebradas. Em outra, ela foi atingida por esterco de vaca durante um comício. Quando as eleições extraordinárias foram convocadas, Butler enxergou uma oportunidade de aplicar mais pressão pública sobre o Parlamento, reunindo as mulheres de Pontefract e desafiando Childers a debates públicos, mas sua vida corria enorme risco por causa disso. Em um comício nas proximidades de Knottingley, os apoiadores de Childers estavam tão determinados a silenciá-la que começaram um incêndio no prédio, e Butler teve de escapar pela janela.

Mas ela não desistiu: começou a fazer campanha política após a trágica morte súbita de sua filha de seis anos, motivada, segundo ela, pelo seguinte: "desejo de sair e encontrar uma dor mais intensa do que a minha"[2].

Lendo-os agora, vejo que o poder de seus discursos está em sua capacidade de conectar algo muito imediato e prático à retórica e à paixão evangélicas. Como Sojourner Truth, ela se baseava na religião e na oratória do pregador para convencer sua audiência. Após um depoimento perante a Comissão Real de 1871, um membro do comitê foi levado a comentar: "Não estou acostumado à fraseologia religiosa, mas não posso dar uma ideia do efeito produzido a não ser dizendo que o espírito de Deus estava lá".

Esse discurso de 1874 é um dos muitos que ela proferiu sobre a prostituição. As suas longas campanhas melhoraram a vida de mulheres vulneráveis e abriram o caminho para o movimento pelo sufrágio que se seguiu.

Em 1885, sua campanha contra o abuso infantil e o tráfico de jovens inglesas culminou na elevação da idade de consentimento para os 16 anos. E finalmente, em 1886, 15 anos após as eleições extraordinárias de Pontefract, a Lei das Doenças Contagiosas foi finalmente revogada – com o apoio e o voto do parlamentar de Pontefract, Hugh Childers.

❝ A voz de alguém que grita na vastidão selvagem! A voz de uma mulher, e ela clama em meio à multidão 'na vastidão selvagem dos homens'.

Muitos pararam por um momento para ouvir, e então seguiram seu caminho. As mulheres, disseram eles, devem se manter afastadas de questões de moralidade pública; devem deixar essas coisas para médicos e fisiologistas.

E outros ouviram e consideraram. Porém, quando voltaram aos seus negócios, disseram: 'Sim, mas devemos ter cuidado para não sermos influenciados demais por palavras dirigidas apenas ao coração; uma mulher influencia muito facilmente quem a escuta apelando para o sentimento. O assunto que ela discute tão precipitadamente deve ser examinado por todos os lados'.

Tenha certeza de que isso será feito. Mas, afinal, o sentimento é realmente poderoso quando empregado a serviço da verdade. E, portanto, eu diria a vocês, meus oponentes, que defendem os direitos da razão fria, que respeitem a agitação de suas almas e cedam à voz da consciência.

Durante muito tempo, a prostituição foi considerada um simples fato material, que realmente trouxe sérias consequências higiênicas. Estas, porém, só poderiam ser tratadas com serenidade e sanidade por homens com conhecimento especial da questão.

Bem, esses especialistas produziram muitas dissertações médicas, arquivos e mais arquivos de documentos estatísticos, uma vasta literatura, de fato, sobre a ciência e a administração da prostituição, que ainda está longe de esgotar o assunto. Mas o público não questiona as conclusões a que todo esse trabalho chega; aceita com satisfação o que é dito e segue em frente, desinteressado e despreocupado, enquanto novas condições e regulamentos são elaborados. Certamente, então, foi positivo – já que o tratamento materialista produziu essa indiferença geral – levar as pessoas a considerar a prostituição sob outro ponto de vista.

Os homens desta geração parecem esquecer que não é a primeira vez que nosso século leva a julgamento os males que flagelam a sociedade, e deram seu veredicto. É irrelevante lembrá-los da abolição da escravidão negra, agora, quando trazemos diante deles uma nova causa, que oferece uma analogia muito próxima à anterior, já que a prostituição, não menos do que a escravidão negra, tem seu comércio e suas vítimas?

A bem da verdade, estamos lidando com uma grande questão, que afeta toda a humanidade, a qual diz respeito tanto a um sexo quanto ao outro, e que deve, portanto, apelar àquele sentimento que vocês desprezam, à alma, às afeições morais, à vontade. Como poderia ser diferente?

E agora, quando abordamos a questão da prostituição sob esse novo ponto de vista, duas palavras darão a resposta, duas palavras saídas da boca de uma mulher que fala em nome de todas as demais.

E essas duas palavras são: nos rebelamos!

Admito que essa não é a linguagem da ciência; não é a fórmula da estatística ou da dedução higiênica; não – é simplesmente a explosão daquela condenação que foi mantida sem voz por séculos sob o jugo do vício legalizado; é o protesto de todas as mulheres, um grito de horror, um apelo à justiça, um apelo ao retorno às leis de Deus, um apelo contra os decretos impuros e brutais dos homens.

Sem dúvida, muito pode ser dito contra a forma desta declaração. Não é perfeita, mas servirá. O som da trombeta que chama para a batalha não é perfeito; tudo o que se quer é que sua convocação seja suficientemente intensa para que os combatentes se precipitem para a batalha. Assim que eles estiverem lá, a luta começará ao longo de todas as fileiras.

Então será o momento de trazer à tona a artilharia pesada e os grandes batalhões, destruir as obras do inimigo, empurrá-lo para seu último entrincheiramento, não lhe deixando nenhum caminho de fuga.

Por mais imensa que seja a tarefa diante de nós, nada jamais destruirá nossa fé. A justiça da nossa causa é nossa garantia de sucesso. No começo de nossa empreitada, saudamos o fim certo. Certo, talvez, em data não distante. Certo, pelo menos, no futuro com o qual sonhamos para nossos filhos.

E, portanto, essas poucas palavras são apenas um apelo. Mas a liberdade se torna inevitável no exato momento em que o escravo fica inquieto e começa a pensar em como quebrar suas correntes. Tudo o que se queria, até agora, era uma voz para dar o sinal. Mulheres oprimidas precisavam encontrar essa voz em alguém de seu próprio gênero.

Ela está aqui, e vem proclamar revolta e libertação. Ela aceita sua difícil missão; ela conhece seu fardo pelos inúmeros sofrimentos que testemunhou; pelas dores – as dores inexprimíveis – pelas quais passou durante seus longos anos de preparação. E agora chegou o momento de agir. ❞

Emmeline Pankhurst
"Liberdade ou morte"

Hartford, Connecticut
Novembro de 1913

As salas das comissões e os corredores do Parlamento britânico têm muitos e belos retratos de homens, mas poucos de mulheres, e quase nenhum das sufragistas que lutaram tanto para que as vozes femininas fossem ouvidas ali.

Então, em 2013, pendurei um enorme retrato emoldurado da líder sufragista Emmeline Pankhurst sobre a velha lareira do meu escritório parlamentar. É uma cópia de um extraordinário retrato em mosaico fotográfico da artista Charlotte Newson, composto de dez mil pequenas imagens individuais de inspiradoras "Women Like You"* enviadas por pessoas de todo o mundo[3].

---

* "Women Like You" é um retrato de Emmeline Pankhurst, formado por um mosaico composto de dez mil imagens individuais de mulheres inspiradoras enviadas pelo público. Celebra a vida extraordinária de mulheres comuns. Charlotte Newson levou dois anos concluir o mosaico, que tem 3 metros de altura e 2,5 metros de largura. [N. T.]

É uma grande homenagem a Pankhurst e às muitas mães, filhas, irmãs, vizinhas, amigas e heroínas que Newson incorpora à imagem – mulheres cujos direitos civis Pankhurst defendeu há mais de um século.

Nascida em Moss Side, Manchester, em 1858, Pankhurst tornou-se uma das principais ativistas do sufrágio, e fundou a Women's Social and Political Union [União Social e Política das Mulheres] para fazer campanha pelo direito de voto. Entretanto, diante da imensa resistência no Parlamento e do progresso lento, suas táticas se tornaram mais impacientes e militantes. As sufragistas quebrariam janelas e destruiriam propriedades e, quando presas, fariam greve de fome. Muitas, como Pankhurst, foram presas em várias ocasiões[4].

Pankhurst era uma oradora brilhante, que falava de forma apaixonada e geralmente sem anotações, mas é difícil imaginar que esse discurso não tenha sido escrito, sendo tão eficaz e bem baseado em argumentos. Foi proferido durante uma turnê pela América para arrecadar dinheiro e apoio, entre períodos de prisão. Além disso, oferece uma percepção fascinante da estratégia e da experiência das sufragistas.

Diferentemente do discurso de Sojourner Truth, o de Pankhurst não tem o objetivo de convencer seu público a apoiar o princípio do sufrágio igualitário. Em vez disso, concentra-se no motivo pelo qual as sufragistas adotaram métodos revolucionários – usando imagens e histórias diferentes para se conectar com seu público, da história política dos Estados Unidos aos bebês chorando:

> "Essa é toda a história da política. Você precisa fazer mais barulho do que qualquer outra pessoa"

Então, em vez de um argumento moral a favor do voto das mulheres, Pankhurst adota um argumento político – o de que essa é uma guerra civil travada por mulheres, que, no fim, não podem ser derrotadas porque estão em todos os lugares e porque o governo depende de consentimento.

Pankhurst descreve vividamente a tortura terrível e a alimentação forçada infligidas pelo Estado britânico às sufragistas para tentar subjugá-las, mas também a notável força e determinação das mulheres que, mesmo perdendo a liberdade e a saúde, se recusaram a ceder.

Em 1918, cinco anos após esse discurso de Pankhurst, a Lei da Representação do Povo finalmente concedeu, a algumas mulheres, o direito de votar. O sufrágio total veio em 1928.[5] Embora o Parlamento britânico ainda hoje seja dominado por homens, elas já são quase um terço dos parlamentares. Nosso progresso se deve à bravura e às batalhas vencidas por mulheres há mais de um século.

❝ Estou aqui como um soldado que deixou temporariamente o campo de batalha para explicar – parece estranho que deva ser explicado – como é a guerra civil quando ela é travada por mulheres. Não estou aqui apenas como um soldado temporariamente ausente do campo de batalha; estou aqui – e essa, eu acho, é a parte mais estranha da minha vinda –, estou aqui como uma pessoa que, de acordo com os tribunais do meu país, já foi decidido, não tem nenhum valor para a comunidade; e sou considerada, por causa da minha vida, uma pessoa perigosa, sob sentença de servidão penal em uma prisão. [...]

Suponhamos que os homens de Hartford tivessem uma queixa e eles a apresentassem perante sua legislatura, e a legislatura obstinadamente se recusasse a ouvi-los ou a resolver seu problema. Qual seria a maneira correta, constitucional e prática de resolver sua questão? Bem, é perfeitamente óbvio que, nas eleições seguintes, os homens de Hartford destituiriam aquela legislatura e elegeriam uma nova.

Mas deixemos que os homens de Hartford imaginem: e se não tivessem condições de serem eleitores? E se fossem governados sem o seu consentimento? E o legislador fosse absolutamente surdo às suas demandas, o que os homens de Hartford fariam, então? Eles não podiam votar para remover aquela legislatura. Eles teriam que escolher; teriam que escolher dois males: teriam que se submeter indefinidamente a um estado injusto de coisas, ou teriam que se levantar e adotar alguns dos meios antiquados pelos quais os homens no passado resolviam seus problemas. [...]

Faz oito anos desde que a palavra 'militância' foi usada pela primeira vez para descrever o que estamos fazendo. Não era, em nada, 'militância', porém, estimulou militância por parte daqueles que se opunham a ela. [...] Estávamos determinadas a pressionar essa questão do envolvimento das mulheres ao ponto de não sermos mais ignoradas pelos políticos.

Você tem dois bebês com muita fome e querendo ser alimentados. Um dos bebês é paciente e aguarda indefinidamente até que sua mãe esteja pronta para alimentá-lo. O outro bebê é impaciente e chora lascivamente, grita e chuta e incomoda a todos no recinto. Bem, sabemos perfeitamente bem qual bebê será atendido primeiro. Essa é toda a história da política. Você tem que fazer mais barulho do que qualquer outra pessoa, você tem que se tornar mais intrusivo do que qualquer outra pessoa, você tem que preencher todos os papéis mais do que qualquer outra pessoa, na verdade, você tem que estar lá o tempo todo e ver que eles não conseguem te varrer para debaixo do tapete. [...]

Se você está lidando com uma revolução industrial, se os homens e mulheres de uma classe se levantam contra os homens e mulheres de outra classe, você consegue apontar a dificuldade; se houver uma grande greve industrial, você saberá exatamente onde está a violência e como a guerra será travada. Mas em nossa guerra contra o governo, você não pode localizá-lo. Não temos nenhuma marca que nos identifique; nós pertencemos a toda classe; permeamos todas as classes da comunidade, da mais alta à mais baixa; e assim você vê, na guerra civil da mulher, os queridos homens do meu país descobrindo que é absolutamente impossível lidar com isso: você não pode localizá-la e não pode detê-la.

'Jogue essas mulheres na prisão', disseram eles. 'Elas vão parar com isso.' Mas não paramos com isso: em vez de as mulheres desistirem, mais mulheres aderiram, e mais e mais e mais mulheres aderiram até que havia trezentas mulheres de cada vez. Pessoas que não haviam violado uma única lei, mas 'se tornaram um incômodo', como dizem os políticos.

Então eles começaram a legislar. O governo britânico aprovou leis mais rigorosas para lidar com essa agitação do que jamais julgou necessário durante toda a história da agitação política em meu país. Eles foram capazes de lidar com os revolucionários da época do cartismo*; eles foram capazes de lidar com a agitação sindical; eles foram capazes de

---

* O cartismo foi o primeiro movimento em massa das classes operárias da Inglaterra, ocorrido entre as décadas de 30 e 40 do século XIX, e que basicamente exigia melhores condições para os trabalhadores na indústria.

lidar com os revolucionários mais tarde, quando a Lei de Reforma* foi aprovada. Mas a lei comum não foi suficiente para coibir as mulheres insurgentes. Eles tiveram que voltar à Idade Média para encontrar um meio de reprimir a revolta das mulheres.

Eles nos disseram: o governo se baseia em força, as mulheres não têm força, então elas devem se submeter. Bem, estamos mostrando a eles que o governo não se baseia em força, mas em consentimento. Enquanto as mulheres consentirem em ser injustamente governadas, tudo continuará como sempre. Mas as mulheres dizem diretamente: 'Nós retemos nosso consentimento. Não seremos mais governadas enquanto esse governo for injusto'. Pelas forças da guerra civil, você não pode governar nem a mais fraca das mulheres. Você pode matar essa mulher, mas aí ela escapará de você; você não pode governá-la. Nenhum poder na terra pode governar um ser humano, por mais fraco que seja, se ele não consentir.

Na primeira vez que eles nos puseram na prisão, simplesmente por fazer petições, nós nos submetemos; nós permitimos que nos vestissem com roupas da prisão; nós permitimos que nos colocassem em

---

* A Lei de Reforma de 1832 introduziu uma ampla gama de mudanças no sistema eleitoral na Inglaterra e no País de Gales.

confinamento solitário; permitimos que nos juntassem aos criminosos mais degradados; aprendemos sobre alguns dos males terríveis de nossa chamada civilização, que não poderíamos ter aprendido de nenhuma outra maneira. Foi uma experiência valiosa e ficamos felizes em obtê-la.

Vi homens sorrirem quando ouviram as palavras 'greve de fome' e, no entanto, acho que hoje existem poucos homens que estariam preparados para adotar uma 'greve de fome' por qualquer causa. Somente as pessoas que se sentem intoleravelmente oprimidas adotariam algo assim. Significa que você recusa comida até chegar à porta da morte e, em seguida, as autoridades precisam escolher entre deixá-lo morrer e deixá-lo ir; e então deixam as mulheres irem.

Agora, isso durou tanto que o governo sentiu que não era capaz de lidar. Foi [então] que, para vergonha do governo britânico, eles deram o exemplo às autoridades de todo o mundo ao alimentar, à força, seres humanos sãos e resistentes. Pode haver médicos nesta reunião: se assim for, eles sabem que uma coisa é alimentar à força uma pessoa insana; outra coisa é alimentar um ser humano sadio e que resiste, com todos os nervos e com todas as fibras de seu corpo, à indignidade e ao ultraje da alimentação forçada. Agora, isso foi feito na Inglaterra, e os governantes pensaram que haviam nos esmagado. Mas eles descobriram que isso não atenuou a agitação, que mais e mais mulheres aderiram e até passaram essa provação terrível, e foram obrigados a deixá-las ir. [...]

Bem, eles pouco sabem o que são as mulheres. As mulheres demoram muito a despertar, mas, uma vez despertadas, determinadas, nada na terra e no céu, nada fará as mulheres cederem; é impossível. [...] Há mulheres deitadas à porta da morte, recuperando forças o suficiente para se submeterem a operações, que não cederam e não cederão, e que estarão preparadas, assim que se levantarem de seus leitos doentes, para continuar como antes. Há mulheres que são transportadas de seus leitos doentes em macas para reuniões. Elas estão fracas demais para falar, mas querem estar entre seus colegas apenas para mostrar que seus espíritos estão vivos e que pretendem continuar enquanto durar a vida.

Agora, quero dizer a você que acha que as mulheres não podem ter sucesso: nós levamos o governo da Inglaterra a esta posição, em que precisa enfrentar essa alternativa: ou as mulheres devem ser mortas ou as mulheres devem votar. Eu pergunto aos homens americanos nesta reunião: o que vocês diriam se, em seu estado, se deparassem com essa alternativa? Que deveriam matá-las ou dar-lhes cidadania? Bem, existe apenas uma resposta para essa alternativa, existe apenas uma saída – você deve dar o voto a essas mulheres. [...]

Vocês permitiram isso às mulheres em sua terra, os homens de todos os países civilizados permitiram isso para que as mulheres trabalhem em sua própria salvação. É assim que nós, mulheres inglesas, estamos fazendo. A vida humana para nós é sagrada, mas dizemos que, se alguma vida deve ser sacrificada, será a nossa; não faremos isso sozinhas, mas deixaremos o inimigo na posição em que terá de escolher entre nos dar liberdade ou nos dar a morte.

Então, aqui estou eu. Venho nos intervalos entre as aparições na prisão. [...] Provavelmente voltarei a ser presa assim que pisar em solo britânico. Eu venho pedir a vocês que nos ajudem a vencer esta luta. Se a vencermos, esta que é a luta mais difícil de todas, então, com certeza, no futuro, será mais fácil para as mulheres de todo o mundo vencerem sua própria luta, quando chegar a hora. 🙶

Eleanor Rathbone
"Um insulto às mães"

Câmara dos Comuns
Março de 1945

Quando Eleanor Rathbone se levantou para falar no debate sobre o bem-estar social na Câmara dos Comuns, em março de 1945, ela estava à beira de uma vitória duramente conquistada após a longa campanha pela independência financeira das mulheres e a luta contra a pobreza infantil. Os argumentos que ela apresentou naquele dia foram bem-sucedidos – e também abriram caminho para lutas semelhantes que as mulheres do Parlamento, inclusive eu, mantiveram com diferentes governos desde então.

Rathbone e outras parlamentares vinham argumentando, desde o final da Primeira Guerra Mundial, que o valor do trabalho feminino e do cuidado doméstico deveria ser reconhecido pelo Estado, que a distribuição do poder econômico dentro da família era importante e que a tradicional visão do homem como chefe da família deveria ser contestada, e não reforçada. Então, quando o governo apresentou planos para pagar a nova pensão familiar ao pai, em vez da mãe, Rathbone lançou uma campanha furiosa para mudar isso.

Uma das (apenas) 14 parlamentares na época, Rathbone, que era membro independente do Parlamento, juntou forças com a trabalhista Edith Summerskill e a tóri* Nancy Astor em uma rebelião multipartidária. Elas fizeram discursos apaixonados em reuniões públicas, comícios e no Parlamento, mantendo a pressão até que o governo concordasse com um voto livre em março de 1945.

O discurso de Eleanor Rathbone naquele dia foi um clássico de seu estilo – espirituoso e muito bem fundamentado, desmantelando habilmente os argumentos de seu oponente. Ela lista cada uma das reivindicações do governo – que o homem "normalmente é o chefe da família", que a lei o responsabiliza pela manutenção dos filhos, que é a ordem natural das coisas – e os destrói com perspicácia, humor, fúria controlada e evidências forenses.

Mas, para mim, a importância de seu discurso não está em seu poder de persuasão ou nos recursos retóricos, mas no fato de que suas palavras e campanhas foram repetidas inúmeras vezes desde então. Mais de meio século depois, eu e outras parlamentares travamos discussões semelhantes com sucessivos governos, levantando as mesmas questões

---

* Alguém que se diz conservador ou que faz parte do Partido Conservador da Inglaterra. [N. E.]

de sempre, na mesma campanha pela independência econômica das mulheres e contra a pobreza infantil.

Em 1998, quando o governo trabalhista introduziu os créditos fiscais para crianças, o Tesouro propôs pagar o dinheiro ao provedor principal, em vez do cuidador, e eu fazia parte de um grupo de parlamentares recém-eleitas da bancada trabalhista que interviram para fazer com que isso mudasse.

Em 2010, quando o governo de coalizão introduziu o crédito universal, eles insistiram em um único pagamento doméstico – mais uma vez, potencialmente minando a independência financeira e a segurança das mulheres, em especial nos casos de violência doméstica ou controle coercitivo. Foram necessários nove anos de campanha para forçar o governo a aceitar que os pagamentos deveriam ser feitos ao cuidador principal.

Naquele dia, na Câmara dos Comuns, Rathbone ganhou a votação sobre a ajuda de custo familiar – dando a muitas mães alguma renda básica pela primeira vez, com um enorme impacto na independência das mulheres e na redução da pobreza infantil. É frustrante que ainda tenhamos que apresentar os mesmos argumentos de Eleanor Rathbone. Porém, é uma prova de seu enorme impacto, que vem moldando o debate por várias gerações desde então.

❝ A proposta, conforme apresentada no projeto de lei, não só não eleva o *status* da maternidade, como o rebaixa.

Digam o que quiserem, mas o protejo de lei trata a esposa como um mero apêndice, o que significa, literalmente, um cabide de seu marido, e dá a ela um motivo muito forte para sair para trabalhar, por mais que os filhos estejam sob seus cuidados e exijam sua presença, porque, então, seu salário será legalmente seu, em vez de continuar em casa e ter mais filhos. Nas palavras do projeto de lei, se marido e a mulher moram juntos, a ajuda de custo pertence ao homem, e assim será mesmo que a esposa ganhe cada centavo da renda.

Se o homem for um canalha ou totalmente inválido e a mulher for a única assalariada, o subsídio pertence ao homem. Pertence a ele se os filhos são dela, de um casamento anterior. Pertence a ele se forem filhos ilegítimos.

Creio que estou certa ao afirmar que, mesmo que os filhos vivam com outro parente, se pai ou mãe contribuírem para seu sustento, o pai poderá declarar os filhos como seus e reivindicar o subsídio, embora talvez nunca os tenha conhecido e nem sequer saiba seus nomes.

Além disso, esse arranjo extraordinário só pode ser alterado por recurso ao tribunal. Mas quantas mulheres ousarão apelar ao tribunal? Quanto pior o marido, menos a esposa ousará fazer isso. [...]

A esposa pode, segundo o projeto de lei, sacar o benefício, mas, obviamente, só se o homem consentir, porque a ordem de pagamento está em nome dele, e pertence a ele, de modo que ele se agarrará a ela, se quiser.

Não é uma proposta realmente incrível? E qual é a desculpa para isso? Qual é a razão?

A explicação dada no projeto de lei é que o homem normalmente é o chefe da família. Sim, normalmente, mas essa lei encaminha o dinheiro ao homem, mesmo que a mulher seja a única provedora.

E mesmo que não seja assim. Quando o marido fornece o dinheiro para a manutenção da casa, o que a esposa faz? Ela meramente arrisca a vida para trazer os filhos ao mundo, muitas vezes com uma dor agonizante e, na grande maioria das casas da classe trabalhadora, ela passa seus dias e horas, como dizem lá de onde venho, 'todas as horas que Deus faz', a lavar e limpar as crianças, vesti-las e alimentá-las – todas as horas do dia e da noite.

As férias escolares e os fins de semana não trazem remissão, nem folga; na verdade, aumentam a carga sobre a mãe da classe trabalhadora. Tudo isso para nada, porque a lei diz que normalmente o homem é o assalariado. [...]

A última defesa é que não fará nenhuma diferença real; que se o homem for ganancioso ou egoísta, ele se apropriará do dinheiro, de qualquer maneira, e que se o dinheiro não for entregue a ele, ele apenas deduzirá aquela quantia do que ele permite a sua esposa.

Isso mostra muito pouco conhecimento da natureza humana. Para cada homem realmente ganancioso e sem escrúpulos, há meia dúzia que são meramente fracos, e criaturas de hábitos, que se apegam ao que é dado a eles. Se o dinheiro for dado à mãe, e se eles souberem que a lei o considera propriedade da criança, ou propriedade da mãe a ser gasta com a criança, isso os ajudará a perceber que o Estado reconhece a condição de maternidade. [...]

Não é como se não houvesse precedentes. Uma mulher recebe auxílio-maternidade, mesmo que o homem tenha sido o contribuinte. Nos termos da Lei de Pensões aos Idosos, o subsídio é pago à esposa, se ela o solicitar. O subsídio para crianças evacuadas é sempre pago à mãe, e não ao chefe da família do sexo masculino.

Em Nova Gales do Sul, uma lei está em vigor há mais de vinte anos, a Nova Zelândia tem uma há quase o mesmo período, e na Austrália só virou lei há três ou quatro anos. Segundo a lei, cada um desses pagamentos é feito para a mãe, exceto quando ela é julgada inapta por alguém nomeado pela autoridade administrativa. [...]

O que acontecerá se a Assembleia permitir que esta proposta continue inalterada?

O governo decidiu deixar a questão a cargo de uma votação livre da Câmara. Fico feliz com isso, mas eu preferia que tivessem decidido imediatamente, porque sei perfeitamente que se enganaram nessa decisão: não foi um golpe maquiavélico de política para degradar o *status* da maternidade.

Mas o Gabinete é composto de homens, e não se pode esperar que eles percebam o que as mulheres pensam sobre essa questão. Quero alertá-los sobre a intensidade dos sentimentos das mulheres sobre isso.

Eles podem não ter recebido muitas cartas, porque o conhecimento desta proposta está se espalhando lentamente, e sem dúvida há muitas mulheres sem imaginação e egoístas que, já que seus maridos entregariam o dinheiro a elas, estão dizendo: 'O que isso importa? Por mim, está tudo bem'. Elas deveriam pensar em suas irmãs menos afortunadas.

Mas as organizações de mulheres pretendem garantir que todas as mulheres politicamente conscientes do país saibam nas próximas eleições como seu representante votou.

Eu participei daquela longa e amarga luta pelo voto das mulheres antes da última guerra. Não lamentamos tudo o que isso nos custou, porque valeu a pena e, por meio dele, obtivemos a plena realização da cidadania feminina. Mas não quero passar por tudo isso de novo. Foi uma luta amarga, que trouxe resultados muito ruins.

Nestes últimos anos, e especialmente durante a guerra, as mulheres aprenderam a trabalhar junto com os homens, a jogar junto com os homens, a sofrer junto com os homens.

Queremos que esta injustiça com o sexo feminino levante sua cabeça feia nas próximas eleições gerais, quando tantas grandes questões estarão diante do país; quando todo o país estará pensando em como um futuro de paz no mundo pode ser alcançado por aqueles países que agora estão no auge da guerra.

Não nos obrigue a voltar ao que pensávamos ter superado – uma era de antagonismo sexual.

Se o projeto for aprovado em sua forma atual, não posso votar na terceira leitura, embora tenha trabalhado para isso por mais de 25 anos. Seria uma das mais amargas decepções da minha vida política se o projeto de lei não fosse aprovado.

Mas prevejo bem demais as consequências se a lei passar escrita de modo que praticamente insulta aquelas a quem o país mais deve, as mães reais ou potenciais, de quem este país precisa tanto para não cair no *status* de potência de segunda categoria. **""**

Joan O'Connell
"A promessa de um sonho"

Trades Union Congress, Blackpool
1968

O discurso de Joan O'Connell no Trades Union Congress (TUC)* em 1968 é estimulante. Em um ponto-chave da campanha por salários iguais, as palavras dela foram um desafio emocional e moral direto aos homens na audiência, ao movimento sindical, aos empregadores e ao governo, por sua inação sem fim. Mas também adoro o discurso de O'Connell porque você pode ouvir suas reverberações hoje, na campanha em andamento por igualdade salarial na prática.

---

* O Trades Union Congress é um sindicato nacional central, uma federação de sindicatos do Reino Unido, que representa a maior parte dos sindicatos. Foi fundado em 1868 e atualmente há 58 sindicatos filiados, com um total de aproximadamente 6,5 milhões de membros.

Na época, a greve de mulheres maquinistas na fábrica da Ford, em Dagenham, tornou-se um símbolo poderoso da injustiça salarial enfrentada pelas mulheres, e ainda era legal pagar às mulheres menos do que aos homens para fazer o mesmo trabalho. Em Dublin, O'Connell era membro da Draughtsmen's and Allied Technicians' Association [Associação de Projetistas e Técnicos Aliados], ativa no movimento sindical irlandês. Ela teria sido uma de poucas mulheres delegadas no TUC em Blackpool naquele ano. Foi sua primeira vez no TUC e ela desafiou seus colegas sindicalistas por não fazerem o suficiente, propondo uma emenda e pedindo ação, não apenas palavras mais calorosas.

Seu discurso é enérgico, rítmico e carregado de frustração:

> "Barbara Castle tem um salário igual por um trabalho igual; por que as demais de seu sexo não deveriam ter direito a isso?".

Suas melhores falas estão no meio do discurso, e suspeito que ela tenha sido interrompida por aplausos. Ela teve uma ótima recepção. Os jornais a proclamaram "o brinde da conferência", comentando também seu cabelo, vestido e voz. Os delegados votaram a favor de sua emenda, contra a orientação do Conselho do TUC.

Dois anos após o discurso de O'Connell, e depois da greve na Ford de Dagenham, a ministra do Gabinete do

Trabalho, Barbara Castle, apresentou a nova Lei de Igualdade Salarial ao Parlamento. Em 1975, a lei mudou.

Oferecer salários iguais na prática provou ser mais difícil, e o salário das mulheres continuou sendo menor do que o dos homens. Mas os ecos do discurso podem ser sentidos muitas décadas depois. Quando o filme e o musical de *Made in Dagenham* foram lançados, muitos anos depois, contando a história da greve da Ford, uma das últimas canções do musical foi um discurso emocionante de uma sindicalista ao TUC pedindo-lhes que apoiassem as grevistas de Dagenham – certamente inspirado nas palavras de Joan O'Connell. (Eu tenho de confessar que assisti ao musical três vezes. Gostei muito.)

Logo após a estreia do musical no West End* de Londres, o elenco se juntou a membros do Parlamento para pressionar a Câmara por uma nova ação para combater a disparidade salarial de gênero, que ainda era de 9,4%.[6] As defensoras da ação usaram o precedente da greve da Ford em discursos no Parlamento e em outros lugares para construir um novo apoio e pressionar o governo. Como resultado, medidas mais fortes foram introduzidas, exigindo que os empregadores publicassem suas disparidades

---

* O West End é uma área na região central de Londres, Inglaterra, que contém muitas das principais atrações turísticas da região, bem como diversas sedes de empresas e célebres teatros, que compõem o complexo conhecido como Theatreland.

salariais de gênero, constrangendo-os para que agissem – prova do poder das palavras de Joan O'Connell e da história das mulheres de Dagenham na luta pela igualdade até hoje.

> A nossa emenda se refere ao que é, sem dúvida, a reivindicação salarial mais antiga do movimento sindical – salário igual por um trabalho igual.

Essa reivindicação afeta cerca de oito a nove milhões de mulheres e está pendente por 80 anos, desde que o TUC aprovou uma resolução sobre a igualdade de remuneração, em 1888. Resoluções semelhantes têm sido piamente adotadas *ad nauseam* desde então.

Não há nada mais revoltante do que o espetáculo anual neste Congresso de mulheres delegadas que vão à tribuna para implorar o apoio dos membros do sexo masculino. Deixou de ser engraçado. A ação das mulheres na Ford confirma isso. Elas agiram, em vez de tentar explicar a moralidade da igualdade de pagamento.

É apropriado, neste ano centenário, olhar para trás, para os últimos 80 anos. É preciso admitir que, quando a história do nosso grande movimento sindical for escrita, um dos capítulos menos gloriosos será aquele que trata da maneira lamentável como os membros masculinos dos sindicatos, por sua inatividade, condenaram todas as suas membras ao *apartheid* industrial, que permite aos empregadores deste país tratar mulheres trabalhadoras como cidadãs de segunda classe e, portanto, que roubem delas cerca de um bilhão de libras por ano.

Argumenta-se que a nação não pode pagar por isso. Eu digo que as mulheres trabalhadoras não podem pagar por isso.

Não podemos permitir que 40% do salário que é nosso por direito seja roubado. Já é tempo de o nosso movimento sindical deixar de apenas falar que é injusto. É claro que é injusto, grosseiramente injusto, e continuará assim até que estejamos preparados para mudar isso usando nossa força industrial.

James Connolly disse uma vez: 'Todos os trabalhadores são escravos, mas as trabalhadoras são escravas de escravos'. Isso é tão verdadeiro hoje como era quando ele disse. [...]

A igualdade social depende da igualdade econômica. Se a beligerância verbal e os argumentos morais impressionassem os empregadores, as mulheres teriam salários iguais há gerações.

A dolorosa realidade é que apenas 10% das mulheres que trabalham na Grã-Bretanha recebem o mesmo salário que é pago aos homens com quem trabalham. Em nossa opinião, esta posição não mudará até que as mulheres da Ford se juntem a milhares de outras trabalhadoras em todo o país que, por meio de uma ação sindical, reivindicam seu direito à taxa pelo trabalho e são apoiadas pelos colegas do sexo masculino.

Por muito tempo, as trabalhadoras deste país foram enganadas por resoluções moralizadoras, conversas acolhedoras e xícaras de chá na Câmara dos Comuns. Barbara Castle tem um salário igual por um trabalho igual; por que as demais de seu sexo não deveriam ter direito a isso?

Queremos mais do que a promessa de um sonho.

Temos algumas membras na DATA. A maioria delas são traçadoras, mas, quando são projetistas, insistimos que recebam o mesmo salário pelo trabalho. Se isso não acontecer, encorajamos nossas membras a tomar medidas oficiais para estabelecê-lo. Então entendemos a razão pela qual essa é a única linguagem que os empregadores respeitam, por mais lamentável que seja.

Agora, depois de 80 anos, é hora de agir.

Ontem, Jennie Lee nos agradeceu por tornar a igualdade salarial um item ativo da agenda. Bem, por favor, não o inativem.

Os empregadores de todo o país que contam seus lucros em milhões vão assistir ansiosamente a este debate para ver se, mais uma vez, sua licença para lucrar com os salários patéticos das trabalhadoras será renovada.

Existe alguma forma melhor de comemorar este ano centenário do Congresso do que declarar que o Conselho Geral apoiará os sindicatos que lutam pela igualdade salarial?

Ao apoiar esta emenda, pedimos a vocês que avancem agora e deem uma expressão industrial positiva ao que tem sido, durante muito tempo, o mero posicionamento moral e teórico dos nossos sindicatos. 99

Audre Lorde
"Há muitos silêncios a serem quebrados"

Chicago, Illinois
Dezembro de 1977

Mais do que qualquer outro, este discurso de Audre Lorde em 1977 resume o propósito deste livro. É sobre a impotência do silêncio e o poder da fala – muitas vezes ficamos quietos porque tememos a visibilidade e a vulnerabilidade que isso acarreta, mas precisamos encontrar força nas palavras.

Em suas próprias palavras, Lorde era "negra, lésbica, mãe, guerreira, poetisa" – uma defensora dos movimentos feministas e pelos direitos civis.[7] Nascida em 1934, em Nova York, Lorde trabalhou como bibliotecária, escritora e acadêmica e começou a publicar sua poesia em 1968. Muitos de seus textos são enraizados em sua experiência pessoal, e neles ela falava poderosamente sobre identidade e as diferentes experiências que as mulheres negras enfrentaram, escrevendo em *Irmã outsider: Ensaios e conferências**:

> "Aquelas de nós que estão fora do círculo da definição desta sociedade de mulheres aceitáveis; aquelas de nós que foram forjadas nos cadinhos da diferença – aquelas de nós que são pobres, que são lésbicas, que são negras, que são mais velhas – sabem que sobreviver não é uma habilidade acadêmica. É aprender a pegar nossas diferenças e torná-las pontos fortes. Pois as ferramentas do mestre nunca desmontarão a casa do mestre".[8]

Este discurso em Chicago foi proferido como um breve artigo para a Associação de Línguas Modernas. Lorde acabara de passar por um susto relacionado a um câncer de mama. Enquanto refletia sobre sua mortalidade, avisou: "Seu silêncio não vai te proteger". E ela fala sobre mulheres construindo uma ponte sobre suas diferenças para lutarem juntas contra a "tirania do silêncio".

Para mim, o mais interessante neste discurso é a honestidade e a compreensão de Lorde sobre como pode ser difícil falar abertamente e a ansiedade de quem expõe seus

---

* Lorde, Audre. Trad. de Stephanie Borges. *Irmã outsider: Ensaios e conferências.* São Paulo: Autêntica, 2019.

pensamentos e palavras à censura ou ao ridículo. Ela capta muito bem os sentimentos que sempre tive antes de fazer um discurso, escrever um artigo ou mesmo um tuíte – a sensação de vulnerabilidade ou apreensão que vem ao jogar suas palavras para o mundo. Mas ela explica como essa vulnerabilidade faz parte do ser humano, e que temos de compartilhar o que é mais importante para nós, "mesmo correndo o risco de sermos magoadas ou incompreendidas".

Em parte, este discurso é um desafio às mulheres, para que enfrentemos nossos medos e falemos, porque se ficarmos quietas e ignorarmos a injustiça, ainda teremos medo. Mas Lorde também vê a transformação do silêncio em palavras e ações como uma libertação pessoal. Apesar de todas as palavras de Lorde serem poéticas e citáveis, minha parte favorita é a citação de sua filha:

> "Você nunca será realmente uma pessoa completa se permanecer em silêncio, porque há sempre aquele pequeno pedaço dentro de você que quer ser falado, e se você continuar a ignorá-lo, fica mais e mais louco e mais e mais agitado e, se você não falar, um dia ele vai te dar um soco na boca".

Lorde e sua filha falam juntas por todas as mulheres neste livro que ficaram mais loucas e agitadas, corajosamente quebrando seu silêncio para inspirar outras pessoas também.

❝ Passei a acreditar que o que é mais importante para mim deve ser falado, verbalizado e compartilhado, mesmo sob o risco de me magoar ou ser incompreendida. [...]

Estou aqui, diante de vocês, como uma poetisa lésbica negra, e o significado de tudo isso se deve ao fato de que ainda estou viva, e poderia não estar.

Há menos de dois meses, dois médicos, um do sexo feminino e um do sexo masculino, disseram-me que eu teria de fazer uma cirurgia nas mamas e que havia de 60% a 80% de probabilidade de que o tumor fosse maligno.

Entre a conversa e a cirurgia real, houve um período de três semanas de agonia e reorganização involuntária de toda a minha vida. A cirurgia foi concluída e o tumor acabou sendo benigno. Mas, dentro dessas três semanas, fui forçada a olhar para mim e minha vida com uma clareza dura e urgente que me deixou abalada, porém muito mais forte. Esta é uma situação enfrentada por muitas mulheres, inclusive algumas das que estão aqui hoje.

Experiências que vivenciei durante esse período me ajudaram a elucidar o que sinto a respeito da transformação do silêncio em linguagem e ação. Ao me tornar forçosa e essencialmente consciente de minha própria mortalidade – e do que eu desejava alcançar em minha vida, por mais curta que fosse –, as prioridades e omissões foram realçadas sob uma luz impiedosa, e o que mais lamentei foram meus silêncios. [...]

Comecei a reconhecer uma fonte de poder dentro de mim, que vem da consciência de que, embora seja mais desejável não ter medo, aprender a colocar o medo em perspectiva me dá uma grande força.

Eu ia morrer, se não mais cedo, então mais tarde, se tivesse eu falado ou não. Meus silêncios não me protegeram. Seu silêncio não vai te proteger.

Mas para cada palavra falada, para cada tentativa de falar as verdades que ainda procuro, fiz contato com outras mulheres, enquanto examinávamos as palavras que cabiam em um mundo em que todas acreditávamos, eliminando nossas diferenças. E foram a preocupação e o carinho de todas essas mulheres que me deram força e me permitiram examinar o essencial em minha vida.

As mulheres que me apoiaram nesse período eram negras e brancas, velhas e jovens, lésbicas, bissexuais e heterossexuais, e todas compartilhamos uma guerra contra as tiranias do silêncio. Todas me deram uma força e um propósito sem os quais eu não teria sobrevivido intacta. [...]

Quais são as palavras que você ainda não tem? O que você precisa dizer? Quais são as tiranias que você engole dia a dia e tenta chamar de suas, até adoecer e morrer delas, ainda em silêncio? Talvez, para algumas de vocês, eu seja a face de um de seus medos. Porque sou mulher, porque sou negra, porque sou eu mesma, uma negra, poetisa, guerreira, fazendo meu trabalho, pergunto a vocês, vocês estão fazendo o seu?

E, é claro, eu estou com medo – dá para ouvir em minha voz –, porque a transformação do silêncio em linguagem e ação é um ato de autorrevelação, que sempre parece repleto de perigos.

Mas a minha filha, quando contei a ela sobre o nosso tema e a minha dificuldade com ele, disse: 'Diga que você nunca será realmente uma pessoa completa se permanecer em silêncio, porque há sempre aquele pequeno pedaço dentro de você que quer ser falado, e se você continuar a ignorá-lo, fica mais e mais louco e mais e mais agitado e, se você não falar, um dia ele vai te dar um soco na boca'.

Como a razão do silêncio, cada uma de nós tem seu próprio medo – medo do desprezo, da censura, de algum julgamento, do reconhecimento, do desafio, da aniquilação. Mas, acima de tudo, eu acho, tememos a visibilidade sem a qual também não podemos realmente viver.

Neste país, onde a diferença racial cria uma distorção de visão constante, embora não falada, as mulheres negras sempre foram muito visíveis e, por outro lado, tornaram-se invisíveis por meio da despersonalização do racismo. Mesmo dentro do movimento das mulheres, tivemos que lutar, e ainda lutamos, por essa mesma visibilidade que também nos torna mais vulneráveis, nossa negritude.

Para sobreviver na boca deste dragão que chamamos de América, tivemos que aprender esta primeira e a mais importante das lições – que nunca fomos feitos para sobreviver. Não como seres humanos. E nem a maioria de vocês, negras ou não.

E essa visibilidade que nos torna mais vulneráveis também é a nossa maior força. Porque a máquina tentará nos transformar em pó, de qualquer maneira, falemos ou não. Podemos nos sentar no nosso canto, mudas, para sempre, enquanto nossas irmãs e nós mesmas estamos perdidas, enquanto nossas crianças são distorcidas e destruídas, enquanto nossa terra está envenenada, podemos nos sentar no nosso canto seguro, tão mudas quanto garrafas, e, ainda assim, não sentiremos menos medo. [...]

Na transformação do silêncio em linguagem e ação é vitalmente necessário ensinar vivendo e falando aquelas verdades em que acreditamos e conhecemos além da compreensão. Porque só dessa forma podemos sobreviver, participando de um processo de vida criativo e contínuo, que é o crescimento.

E nunca é sem medo – da visibilidade, da luz dura do escrutínio e talvez do julgamento, da dor, da morte. Mas já vivemos tudo isso, em silêncio, exceto a morte. E eu me lembro, o tempo todo, que se nascesse muda ou mantivesse um juramento de silêncio durante toda a minha vida por segurança, eu ainda teria sofrido e ainda morreria. É muito bom para estabelecer uma perspectiva.

E onde as palavras das mulheres clamam por serem ouvidas, devemos, cada uma de nós, reconhecer a nossa responsabilidade em buscar essas palavras, lê-las, compartilhá-las e examiná-las em sua pertinência para nossa vida. Que não nos escondamos atrás das zombarias de separações que nos foram impostas e que tantas vezes aceitamos como nossas: por exemplo, 'Não posso ensinar mulheres negras a escrever – a experiência delas é tão diferente da minha', e, ainda assim, quantos anos você passou ensinando Platão, Shakespeare e Proust? Ou outra: 'Ela é uma mulher branca, o que poderia ter a dizer para mim?'. Ou: 'Ela é lésbica, o que meu marido ou meu presidente diriam?'. Ou ainda: 'Esta mulher escreve sobre seus filhos e eu não tenho filhos'. E todas as outras maneiras infinitas pelas quais roubamos a nós mesmas e umas às outras.

Podemos aprender a trabalhar e a falar quando estamos com medo, do mesmo modo que aprendemos a trabalhar e a falar quando estamos cansadas. Pois fomos socializadas para respeitar o medo mais do que nossas próprias necessidades de linguagem e definição, e enquanto esperamos em silêncio por esse luxo final do destemor, o peso desse silêncio nos sufoca.

O fato de estarmos aqui e de eu falar essas palavras é uma tentativa de quebrar esse silêncio e de fazer a ponte entre algumas dessas diferenças, pois não é a diferença que nos imobiliza, mas o silêncio.

E há muitos silêncios a serem quebrados. 🙶

Margaret Thatcher
"Esta senhora não é de viradas"

Conferência do Partido Conservador, Brighton
Outubro de 1980

Quando Margaret Thatcher fez este discurso na Conferência do Partido Conservador, no outono de 1980, ela era a primeira mulher a ser primeira-ministra da Grã-Bretanha havia apenas 18 meses. Já estava sob pressão por suas políticas econômicas e sua falta de compaixão, pois o número de desempregados havia passado dos dois milhões, e ainda estava aumentando.

Seu discurso poderia ter tentado compensar, poderia ter sido defensivo ou poderia apenas ter recorrido a banalidades partidárias. Mas não teve nada disso. Com a famosa frase "Façam suas viradas, se quiserem. Esta senhora não é de viradas", Margaret Thatcher fechou um discurso desafiador, proselitista e abrangente de sua filosofia econômica e moral. Isso é thatcherismo.

Para um discurso de conferência partidária, ele é cheio de conteúdo sério, argumentado de forma clara e simples. Após as homenagens obrigatórias a outros membros do gabinete (não incluídas neste extrato), ela expõe sua fé no monetarismo, controlando a oferta de moeda e objetivando a inflação independentemente das consequências para o desemprego.

Mas o verdadeiro cerne do discurso é um ataque ideológico ao setor público:

> "O Estado esgota a sociedade, não só de suas riquezas, mas também de iniciativa, de energia, de vontade de melhorar e inovar e de preservar o que há de melhor".

Lendo suas palavras novamente agora, quero gritar com a página. Penso nos professores que dão, a cada geração, a habilidade e a vontade de inovar; nos médicos e enfermeiras que ajudam os enfermos a recuperarem sua energia; ou nos construtores de estradas financiadas pelo Estado, trabalhadores da construção, de cuidadores infantis e da polícia que fortalecem nossa sociedade e ajudam nossa nação a produzir riquezas.

Nove meses após esse discurso, eu participava, com meu pai e outros sindicalistas, da minha primeira marcha política, aos 12 anos: a Marcha do Povo por Empregos. O número de desempregados ainda chegaria a mais de três milhões. O número de jovens desempregados por um longo período dispararia. Em minha família e nas comunidades carboníferas que representei por mais de 20 anos, estávamos profundamente irritados com os danos causados por suas políticas.

Mas essa é a coisa sobre Margaret Thatcher – ela provocava reação, não construía consenso. E ela quebrou o molde. Filha do dono de uma mercearia em Grantham, ela estudou Química quando poucas mulheres o faziam, e depois entrou para a política – numa época em que a política era um campo de atuação muito mais masculino do que é hoje. Se tem algo que simboliza bem sua tentativa de entender o mundo dos homens no qual queria ingressar foi o fato de ela ter tido aulas de elocução para deixar o tom de sua voz mais grave.

Muitas de suas palavras mais memoráveis foram escritas por outras pessoas, incluindo seu redator de discursos de longa data, Sir Ronald Miller, que criou a frase "esta senhora não é de viradas" [em inglês, *the lady is not for turning*], uma referência à peça de Christopher Fry, de 1948, *The Lady's Not for Burning*. Mas de onde quer que essas palavras tenham vindo, elas retratam Margaret Thatcher. E, ao ouvir sua autoconfiança e determinação ao pronunciá-las, não há dúvidas de que ela as adotou.

❝ Há muitas coisas a serem feitas para colocar esta nação no caminho da recuperação, e não me refiro apenas à recuperação econômica, mas a uma nova independência de espírito e entusiasmo por realizações.

Diz-se às vezes que, por causa de nosso passado, nós, como povo, esperamos muito e ambicionamos muito. Não é assim que eu vejo. Em vez disso, parece-me que, ao longo de minha vida na política, nossas ambições diminuíram constantemente. Nossa resposta à decepção não foi alongar nosso passo, mas encurtar a distância a ser percorrida. Mas com confiança em nós mesmos e em nosso futuro, que nação poderíamos ser!

Em seus primeiros dezessete meses, este governo lançou as bases para a recuperação. Assumimos uma carga pesada de legislação, carga que não pretendemos repetir porque não compartilhamos a fantasia socialista de que a realização é medida pelo número de leis que você aprova. [...]

Sob a administração de Geoffrey [Howe], a Grã-Bretanha pagou 3,6 bilhões de dólares em dívidas internacionais, dívidas que haviam sido contraídas por nossos predecessores. [...] Michael Heseltine deu a milhões – sim, milhões – de inquilinos municipais o direito de comprar suas próprias casas. [...]

A esquerda continua a referir-se com satisfação à morte do capitalismo. Bem, se esta é a morte do capitalismo, devo dizer que é um bom caminho a percorrer.

Mas tudo isso pouco servirá para nós, a menos que alcancemos nosso objetivo econômico primordial – derrotar a inflação. A inflação destrói nações e sociedades tanto quanto os exércitos invasores. A inflação é a origem do desemprego. É o ladrão invisível daqueles que economizaram. Nenhuma política que ponha em risco a derrota da inflação – por maior que seja seu encanto no curto prazo – pode estar certa. [...]

Mas algumas pessoas falam como se o controle da oferta monetária fosse uma política revolucionária. No entanto, foi uma condição essencial para a recuperação de grande parte da Europa continental. Esses países sabiam o que era necessário para a estabilidade econômica.

Anteriormente, eles haviam vivido uma inflação galopante; eles sabiam que isso gerava uma grande quantidade de dinheiro, desemprego em massa e o colapso da própria sociedade. Eles decidiram nunca mais seguir esse caminho. Hoje, depois de muitos anos de autodisciplina monetária, eles têm economias estáveis e prósperas, mais capazes do que a nossa de resistir ao golpe da recessão mundial. [...]

Enquanto isso, não negligenciamos as dificuldades e preocupações que acompanham a superação à inflação. A principal delas é o desemprego. Hoje, nosso país tem mais de dois milhões de desempregados. [...] O nível de desemprego em nosso país hoje é uma tragédia humana. Deixe-me esclarecer bem isso. Estou profundamente preocupada com o desemprego. A dignidade humana e o respeito próprio são prejudicados quando homens e mulheres são condenados à ociosidade. O desperdício dos ativos mais preciosos de um país – o talento e a energia de seu povo – obriga o governo a buscar uma cura real e duradoura.

Se eu pudesse pressionar um botão e realmente resolver o problema do desemprego, vocês acham que eu não o pressionaria neste mesmo instante?

Alguém imagina que existe algum ganho político, por menor que seja, em permitir que esse desemprego continue, ou que há alguma religião econômica obscura que exige esse desemprego como parte de seu ritual?

Este governo segue a única política que oferece alguma esperança de trazer nosso povo de volta a empregos reais e duradouros. Não é por acaso que, nos países de que falei antes, que apresentam taxas de inflação mais baixas, os níveis de desemprego são mais baixos.

Sei que há outra preocupação real afetando muitos de nosso povo. Embora aceitem que nossas políticas estão certas, eles sentem profundamente que o ônus de sua execução recai muito mais sobre o setor privado do que sobre o setor público. Dizem que o setor público recebe as vantagens, e o setor privado, os golpes. Que aqueles ligados ao setor público recebem melhores salários e pensões do que os que eles têm.

Devo dizer que compartilho dessa preocupação e entendo o ressentimento. É por isso que eu e meus colegas dizemos que o aumento nos gastos públicos esgota justamente o dinheiro e os recursos de que a indústria precisa para se manter ativa – o que dirá se expandir. A oneração dos cofres públicos, além de não resolver o desemprego, pode gerar uma perda ainda maior de empregos e causar falências nos negócios e no comércio.

Foi por isso que alertamos as autoridades locais que as taxas são frequentemente o maior imposto que a indústria enfrenta atualmente, e aumentá-las pode prejudicar os negócios locais. Os conselhos devem, portanto, aprender a cortar custos da mesma forma que as empresas. [...]

Se gastar dinheiro como água fosse a resposta para os problemas do nosso país, não teríamos problemas agora. Se houve uma nação que gastou, gastou, gastou e gastou novamente foi a nossa.

Margaret Thatcher | 95

Hoje esse sonho acabou. Todo esse dinheiro não nos levou a lugar algum, mas ainda precisa vir de algum lugar.

Aqueles que nos exortam a relaxar o controle, a gastar ainda mais dinheiro indiscriminadamente na crença de que ajudará os desempregados e os pequenos empresários, não estão sendo gentis, compassivos ou atenciosos. Eles não são amigos dos desempregados ou da pequena empresa. Eles estão nos pedindo para repetirmos exatamente o que causou os problemas, em primeiro lugar. [...]

Não é o Estado que cria uma sociedade saudável. Quando o Estado se torna muito poderoso, as pessoas se sentem cada vez menos importantes. O Estado esgota a sociedade, não só de suas riquezas, mas também de iniciativa, de energia, de vontade de melhorar e inovar e de preservar o que há de melhor. Nosso objetivo é fazer com que as pessoas se sintam cada vez mais importantes. Se não podemos confiar nos instintos mais íntimos de nosso povo, não deveríamos estar na política. Alguns aspectos de nossa sociedade atual realmente ofendem esses instintos.

Pessoas decentes querem dar o seu melhor no trabalho, não serem impedidas ou intimidadas por darem valor ao dinheiro. Elas acreditam que a honestidade deve ser respeitada, não ridicularizada. Elas veem o crime e a violência como uma ameaça, não apenas para a sociedade, mas para seu próprio estilo de vida organizado. Elas querem ter permissão para criar seus filhos nessas crenças, sem medo de que seus esforços sejam frustrados diariamente em nome do progresso ou da liberdade de expressão. Na verdade, é disso que se trata a vida familiar. [...]

Uma grande nação é a criação voluntária de seu povo – um povo composto de homens e mulheres cujo orgulho em si mesmos se baseia na noção do que podem dar a uma comunidade da qual, por sua vez, podem se orgulhar. Se nosso povo sentir que faz parte de uma grande nação e estiver preparado para fazer o que for necessário para mantê-la grande, uma grande nação seremos e assim nos manteremos.

Então, o que pode nos impedir de alcançar isso? O que se interpõe em nosso caminho? A perspectiva de outro inverno de descontentamento?

Suponho que sim. Mas prefiro acreditar que certas lições foram aprendidas com a experiência, que estamos chegando, lenta e dolorosamente, a um outono de compreensão. E espero que seja seguido por um inverno de bom senso. Se não for, não seremos desviados de nosso curso.

Para aqueles que estão à espera daquela famosa frase tão popular na mídia, a virada de opinião, tenho apenas uma coisa a dizer: façam suas viradas, se quiserem. Esta senhora não é de viradas. **"**

Maya Angelou
"No pulsar da manhã"

Posse do presidente Clinton, Washington
Janeiro de 1993

Em uma bela manhã ensolarada de janeiro, eu estava no meio da multidão, em frente ao Capitólio dos Estados Unidos, vendo Maya Angelou fazer este belo discurso.

É um poema. Mas os melhores discursos são assim. Escrito especialmente para a posse do 42º presidente norte-americano, Bill Clinton, ele conta uma bela história que começa com um rio, uma rocha e uma árvore da paisagem da América, une pessoas de muitas nações que viajam juntas da escuridão para a luz e termina com esperança no pulsar da manhã, no início de um novo dia.

Seu tema era um eco do discurso de posse do próprio presidente Clinton, proferido apenas alguns minutos antes – de esperança e otimismo, de nos unirmos para reconstruir.

Eu trabalhei na campanha de Clinton, no Arkansas, no verão anterior. Ser "o homem que surgiu da esperança" foi uma parte importante da mensagem dele. Mas foram as palavras de Angelou – e ainda mais marcadamente sua voz – que me fizeram lembrar e que verdadeiramente capturaram o otimismo, o calor e a sensação de excitação naquele dia. Uma voz profunda, lenta, cantante e ecoante. A poesia em si é linda, mas foi o poder emocional e a dignidade de sua entrega que realmente a elevaram.

A própria Angelou saíra do silêncio para as palavras, contando, em suas memórias, a história de como seu estupro, quando criança, e o subsequente assassinato de seu estuprador a traumatizaram e silenciaram por muitos anos, mas o amor pela literatura e pela poesia trouxeram sua voz de volta.[9]

Na época, Angelou resumiu o propósito de seu poema:

> "Em meu trabalho, em tudo que faço, quero dizer que nós, seres humanos, somos mais parecidos do que diferentes".[10]

Esta mensagem ecoaria quase um quarto de século depois, em Londres, pela parlamentar trabalhista Jo Cox, em seu primeiro discurso parlamentar, também incluído nesta coletânea. Porque embora o discurso capturasse um momento de otimismo para a América em 1992, seu verdadeiro poder está em sua atemporalidade, pois nos lembra que cada nova hora traz novas chances, e que devemos erguer os olhos com esperança.

> Uma Pedra, um Rio, uma Árvore,
> Anfitriões de espécies há muito tempo extintas,
> Viram o mastodonte.
> O dinossauro, que deixou resquícios secos
> De sua passagem por aqui,
> No chão do nosso planeta,
> Qualquer aviso de sua rápida extinção
> Está perdido há tempo na poeira lúgubre das eras.
> Mas hoje, a Pedra nos chama, claramente, vigorosamente
> Venham, fiquem de pé sobre as minhas costas
> E mirem seu destino distante,
> Mas não busquem abrigo em minha sombra.
> Eu não servirei de esconderijo.
> Você, criado quase como
> Um anjo, passou tempo demais
> Na escuridão,
> Deitado em demasia
> Com a cara mergulhada na ignorância
> Sua boca vomitando palavras
> Carregadas de ameaças homicidas.
> A Pedra clama hoje, você deve ficar de pé sobre mim,
> Mas não esconda o seu rosto.

Do outro lado do muro do mundo,
Um Rio canta uma linda canção,
Venha, descanse ao meu lado.
Cada um de vocês, um país fronteiriço,
Delicado e estranhamente orgulhoso
Ainda assim, forçado perpetuamente o estado de sítio.
Suas lutas armadas por lucros
Deixaram montes de sujeira em
Minhas margens, ondas de detritos em meus seios.
Ainda assim, eu os chamo hoje às minhas margens,
Se vocês não mais cortejarem a guerra. Venham,
Revistam-se de paz e cantarei as canções
Que o Criador me deu quando eu,
Árvore e Pedra éramos um.
Antes que o cinismo fosse uma marca sangrenta em sua
Testa e quando você ainda sabia que
Nada sabia.
O Rio canta e continua cantando.
Há um anseio verdadeiro para responder
Ao Rio cantante e à sábia Pedra.
Então digam aos asiáticos, aos espanhóis, aos judeus,
Africanos e americanos nativos, aos Sioux
Católicos, muçulmanos, franceses, gregos,
Irlandeses, rabinos, padres, xeiques,

Homossexuais, heterossexuais, pregadores,
Privilegiados, moradores de rua, professores.
Eles ouvem. Todos eles ouvem
As palavras da Árvore.
Hoje, a primeira e última de cada Árvore
Fala com a humanidade. Venha até mim, às margens do Rio.
Plante-se aqui ao meu lado, às margens deste Rio.
Cada um de vocês, descendente de um
Viajante passado, já teve sua cota paga.
Você, que me deu meu primeiro nome, você,
Pawnee, Apache e Seneca, você
Nação Cherokee, que descansou comigo, então foi
Forçada, por pegadas sangrentas, a me deixar a cargo de
Outros caçadores – desesperados pelo ganho,
Famintos de ouro.
Você, o turco, o sueco, o alemão, o escocês...
Você, o ashanti, o yoruba, o kru,
Comprado, vendido, roubado, que desembarcou em um pesadelo
Rezando por um sonho.
Venham, criem raízes perto de mim.
Eu sou a Árvore plantada junto ao Rio,
Que jamais sairá daqui.
Eu, a Pedra, eu, o Rio, eu, a Árvore,
Eu sou seu – suas passagens já foram pagas.

Ergam seus rostos, vocês têm uma necessidade lancinante
Desta manhã ensolarada que nasce para vocês.
A História, apesar de toda a dor que carrega,
Não pode ser desvivida, mas se encarada
Com coragem, não precisa ser vivida de novo.
Ergam seus olhos
Para o dia que nasce para vocês.
Deem à luz novamente
Ao sonho.
Mulheres, crianças, homens,
Peguem esse dia na palma das mãos.
E o moldem na forma da sua mais
Secreta necessidade. Esculpa o dia
À imagem do seu eu mais público.
Erga seu espírito.
Cada nova hora traz novas chances
Para novos começos.
Não se deixem paralisar para sempre
Pelo medo, ou se aprisionar eternamente
Pela brutalidade.
O horizonte se estende à sua frente,
Oferecendo a você espaço para dar novos passos rumo à mudança.
Aqui, no pulsar deste belo dia
Você talvez tenha a coragem
De olhar para cima e para além de mim, a

Pedra, o Rio, a Árvore, o seu país.
Não menos a Midas do que ao mendigo,
Não menos a você, agora, do que ao mastodonte,
então.
Aqui, no pulsar deste novo dia,
Você talvez tenha a graça de olhar para o alto e além
E olhar fundo nos olhos da sua irmã, no
Rosto do seu irmão, do seu país,
E dizer simplesmente
Muito simplesmente
Com esperança
Bom dia. 99

Benazir Bhutto
"O ethos do Islã é a igualdade entre os sexos"

Pequim
Setembro de 1995

Um poema escrito por Habib Jalib para Benazir Bhutto, antes que fosse eleita primeira-ministra do Paquistão, em 1988, diz:

"Dartay hain bandooqon aik nihatti larki se".*

Os homens armados tinham tanto medo de Bhutto que tentaram muitas vezes silenciá-la – exilando-a, aprisionando-a, dispensando seu governo, ameaçando-a com violência. Um dia a assassinaram. Porém, no final das contas, falharam em silenciá-la – não só porque as palavras de discursos como esse

---

* Em português, "Homens armados temem essa garota desarmada".

continuam vivas, mas também porque ela inspirou as futuras gerações de mulheres no Paquistão a falarem, como ela o fez.

Benazir Bhutto foi a primeira mulher muçulmana a ser primeira-ministra. Em 1990, ela se tornou a primeira *premier* a dar à luz durante o mandato; levaria quase 30 anos até que a primeira-ministra da Nova Zelândia, Jacinda Ardern, se tornasse a segunda.

Aos 26 anos, Bhutto se tornou líder do Partido do Povo do Paquistão, depois da execução de seu pai pelo general Zia, ditador militar. E tinha apenas 35 anos quando emergiu de anos de exílio, prisão domiciliar e cárcere para vencer as eleições de 1988, após a morte de Zia.

Na frágil democracia do Paquistão, uma mulher vencer as eleições, prometer reformas liberais, sociais, políticas e econômicas era algo notável. Mas ela enfrentou uma imensa oposição interna quando alianças de direita e militares procuraram silenciá-la.

Pouco mais de um ano depois de se tornar primeira-ministra, ela engravidou de seu segundo filho. Não contou a ninguém. Depois que a criança nasceu, ela voltou direto ao trabalho, mas isso não foi o suficiente para impedir que seus oponentes acrescentassem a maternidade à corrupção generalizada e às acusações políticas contra ela.

Esse discurso foi feito durante seu segundo governo, na quarta conferência mundial da ONU sobre as mulheres, realizada em Pequim, em 1995. Hillary Clinton, como primeira-dama, já proferira um discurso forte e frequentemente citado na conferência. O discurso de Bhutto recebeu menos atenção, mas foi tão importante quanto, para o empoderamento das mulheres.

Clinton argumentou que a igualdade das mulheres é uma parte essencial da tradição liberal internacional: "Os direitos humanos são os direitos das mulheres, e os direitos das mulheres são os direitos humanos". Bhutto argumentou paralelamente que a igualdade e o empoderamento das mulheres são uma parte central do Islã: "O *ethos* do Islã é a igualdade, a igualdade entre os sexos".

Seu discurso foi, como sempre, corajoso, desafiando o conservadorismo social, o extremismo islâmico e as percepções internacionais do Islã. Sua retórica é forte – repetindo seu refrão sobre justiça, enfrentando a pobreza e insistindo que ninguém deve ficar neutro na luta pela igualdade.

Pouco mais de um ano após fazer esse discurso, Bhutto foi demitida do governo pelo presidente e, pouco depois, voltou ao exílio. Mas ela não desistiu.

Quase uma década depois, ela voltou ao Paquistão novamente para fazer campanha eleitoral. Novamente, ela construiu apoio popular. Mas novamente ela foi atacada – em especial pelo Talibã do Paquistão, grupo violento de extremistas islâmicos que defende a opressão de mulheres que Bhutto havia desafiado. Como parte de sua terrível campanha de medo e destruição, um terrível ataque à bomba em um dos comícios de Bhutto matou 150 pessoas.

Então, em 27 de dezembro de 2007, em um comício menos de duas semanas antes das eleições que ela provavelmente venceria, Benazir Bhutto foi assassinada.

As campanhas do Talibã não conseguiram silenciar Bhutto. Dezoito anos após o discurso dela na ONU, uma garota de 14 anos do Paquistão, que também havia sido atacada pelo Talibã, estava diante de uma audiência da ONU, em Nova York, usando um dos xales de Bhutto e a citando como inspiração. Malala Yousafzai discursou fortemente pela educação de meninas e pelo empoderamento das mulheres. Suas palavras influentes também estão incluídas nesta antologia.

O Talibã tentou usar armas para silenciar Bhutto e Malala. Enquanto suas palavras continuarem inspirando novas gerações de mulheres, os "homens com armas" não vencerão.

❝ Como a primeira mulher eleita para chefiar uma nação islâmica, sinto que tenho uma responsabilidade especial sobre as questões relacionadas às mulheres.

Ao abordar as exigências do novo século, devemos traduzir a religião dinâmica em uma realidade viva. Devemos viver pelo verdadeiro espírito do Islã, não apenas por seus rituais.

E para aqueles de vocês que talvez não conheçam o Islã, deixem de lado seus preconceitos sobre o papel das mulheres em nossa religião. Ao contrário do que muitos podem ter passado a acreditar, o Islã abraça uma rica variedade de tradições políticas, sociais e culturais. O *ethos* fundamental do Islã é a tolerância, o diálogo e a democracia.

Assim como no cristianismo e no judaísmo, devemos sempre estar alertas para aqueles que explorarão e manipularão o Livro Sagrado de acordo com seus próprios fins políticos estreitos, que distorcerão a essência do pluralismo e da tolerância para suas agendas particulares de extremismo.

Para aqueles que afirmam falar pelo Islã, mas negam às mulheres nosso lugar na sociedade, digo: o *ethos* do Islã é a igualdade, a igualdade entre os sexos. Não há religião na Terra que, em seus escritos e ensinamentos, respeite mais o papel das mulheres na sociedade do que o Islã.

Minha presença aqui, como primeira-ministra eleita de um grande país muçulmano, é uma prova do compromisso do Islã com o papel da mulher na sociedade.

Foi essa tradição do Islã que me deu poder, me fortaleceu, me encorajou. Foi essa herança que me sustentou durante os momentos mais difíceis da minha vida, pois o Islã proíbe a injustiça; injustiça contra pessoas, contra nações, contra mulheres.

Ele denuncia a desigualdade como a forma mais grave de injustiça.

Ele ordena que seus seguidores combatam a opressão e a tirania.

Ele consagra a piedade como o único critério para julgar a humanidade.

Ele evita raça, cor e gênero como base de distinção entre os homens.

Quando o espírito humano estava imerso nas trevas da Idade Média, o Islã proclamou a igualdade entre homens e mulheres. Quando as mulheres eram vistas como membros inferiores da família humana, o Islã lhes deu respeito e dignidade. Quando as mulheres eram tratadas como bens móveis, o Profeta do Islã (que a paz esteja com ele) as aceitava como parceiras iguais.

O Islã codificou os direitos das mulheres. O Alcorão elegeu seu *status* para o mesmo que o dos homens. Garantiu seus direitos cívicos, econômicos e políticos. Ele reconheceu seu papel participativo na construção da nação.

Infelizmente, os princípios islâmicos em relação às mulheres foram logo descartados. Na sociedade islâmica, como em outras partes do mundo, seus direitos foram negados. Mulheres foram maltratadas, discriminadas e sujeitas à violência e à opressão, sua dignidade, ferida, e seu papel, negado.

As mulheres se tornaram vítimas de uma cultura de exclusão e dominação masculina. Hoje, mais mulheres do que homens sofrem com pobreza, privação e discriminação. Meio bilhão de mulheres são analfabetas. 70% das crianças a quem foi negada a educação primária são meninas.

O suplício das mulheres nos países em desenvolvimento é indescritível. Fome, doença e trabalho incessante são o seu destino. O fraco crescimento econômico e os sistemas de apoio social inadequados as afetam de maneira mais séria e direta. Elas são as principais vítimas dos processos estruturais de ajuste que precisam de um financiamento estatal (reduzido) para saúde, educação, assistência médica e nutrição. Os fluxos de recursos limitados para essas áreas vitais têm um impacto mais severo sobre os grupos vulneráveis, especialmente mulheres e crianças.

Isso, senhora presidenta, não é aceitável. Isso ofende minha religião. Ofende meu senso de justiça e equidade. Acima de tudo, ofende o senso comum.

É por isso que o Paquistão, as mulheres do Paquistão e eu, pessoalmente, estamos totalmente engajadas nos recentes esforços internacionais para defender os direitos das mulheres. A Declaração Universal dos Direitos Humanos ordena a eliminação da discriminação contra as mulheres. [...]

Não se pode esperar que as mulheres lutem sozinhas contra as forças da discriminação e da exploração.

Evoco as palavras de Dante, que nos lembrou que 'o lugar mais quente do Inferno é reservado àqueles que permanecem neutros em tempos de crise moral' [sic].

Hoje, neste mundo, na luta pela libertação das mulheres, não pode haver neutralidade.

Meu espírito carrega muitas cicatrizes de uma longa e solitária batalha contra a ditadura e a tirania. Eu testemunhei, ainda muito jovem, a derrubada da democracia, o assassinato de um primeiro-ministro eleito e um ataque sistemático contra os próprios fundamentos de uma sociedade livre.

Mas nossa fé na democracia não foi quebrada. O grande poeta e filósofo do Paquistão, Dr. Allama Iqbal, diz: "A tirania não pode durar para sempre". Não durou. A vontade do nosso povo prevaleceu contra as forças da ditadura. Mas, minhas queridas irmãs, aprendemos que a democracia por si só não é suficiente. A liberdade de escolha por si só não garante justiça. Direitos iguais não são definidos apenas por valores políticos.

A justiça social é uma tríade, uma equação de liberdade: justiça é liberdade política; justiça é independência econômica; justiça é igualdade social.

Delegadas, irmãs, a criança que passa fome não tem direitos humanos. A menina analfabeta não tem futuro. A mulher que não consegue planejar sua vida, planejar sua família, planejar uma carreira, não é fundamentalmente livre. [...]

Estou determinada a mudar a situação das mulheres em meu país. Mais de sessenta milhões de nossas mulheres estão praticamente marginalizadas. É uma tragédia pessoal para elas. É uma catástrofe nacional para minha nação. Estou determinada a aproveitar seu potencial para a gigantesca tarefa de construção de uma nação. [...]

Sonho com um Paquistão no qual as mulheres contribuam com todo o seu potencial. Estou consciente da luta que temos pela frente. Mas, com sua ajuda, devemos perseverar. Se Deus quiser, teremos sucesso. 🙶

Barbara Castle
"A luz vermelha se acendeu"

Conferência do Partido Trabalhista, Brighton
Setembro de 2000

Barbara Castle era feroz e fabulosa, e foi a mais importante política trabalhista do século XX. Ela adorava lutas e salvava vidas. E não tinha medo de confundir as pessoas. Embora não dirigisse, como ministra dos Transportes ela tornou obrigatório o uso do cinto de segurança e implementou o bafômetro. Esquerdista, ela enfrentou os sindicatos. Eurocética no referendo europeu de 1973, mais tarde tornou-se líder do Partido Trabalhista no Parlamento Europeu e pediu que o partido adotasse uma abordagem mais positiva em relação à Europa na década de 1980. E ela fez esse discurso, feroz como sempre, alguns meses antes de completar noventa anos.

Ela cresceu em Pontefract – agora meu eleitorado –, e sua política foi fortemente influenciada pela pobreza e pela fome que viu durante as greves de mineiros na década de 1920. Quando cruzou os Peninos para ser eleita por Blackburn, em 1945, era uma das somente 24 parlamentares do sexo feminino.[11]

Era uma oradora fabulosa: contundente, destemida, espirituosa; tinha brilho nos olhos e argumentos sólidos: estava sempre pronta para enfrentar qualquer um. Ela deveria ter sido a primeira mulher do Partido Trabalhista a se tornar primeira-ministra – e, uau, ela arrebentaria. Na época em que a conheci, muitos anos depois de ter se aposentado, ela ainda deixava ministros da Coroa inquietos.

Em 1970, ela propôs a Lei de Igualdade Salarial, que tornava ilegal pagar menos às mulheres do que aos homens. Quando as operárias da fábrica da Ford em Dagenham entraram em greve, a campanha por salários iguais decolou. Barbara se envolveu e as ajudou a obter um aumento salarial, mas depois teve de lutar para que o resto do Partido Trabalhista e do movimento sindical concordassem em mudar a lei.

Quase escolhi seu discurso de 1969, em que apresentou o projeto da Lei de Igualdade Salarial no Parlamento e refutou os argumentos contra a igualdade de remuneração com a força e a sagacidade características:

"Temos mulheres trabalhando à noite em ônibus, como programadoras de computador, como aeromoças, em hotéis e serviços de bufê, sem nem pensar duas vezes.

Nós, mulheres, membras do Parlamento, zombaríamos da ideia de que somos muito frágeis para fazer sessões noturnas. Na verdade, percebi que geralmente parecemos mais revigoradas do que os homens, no final delas".

Mas, para ser honesta, apesar da importância histórica do discurso, a maior parte dele não transmite bem quem era Barbara. Ele traz muitas cláusulas legislativas e pouco do humor, da paixão ou da polêmica que ela empregou em outras ocasiões. Seus melhores discursos são ferozmente argumentativos – enfrentando e desconstruindo seus oponentes com humor e ferocidade.

Em um discurso na Oxford Union, durante o referendo de 1975, o líder liberal Jeremy Thorpe a interrompeu para perguntar se sua forte oposição à Europa significava que, se o país votasse "sim" – para ficar na Europa –, ela deixaria o cargo de ministra do Gabinete. Ela fez uma pausa, sorriu e respondeu: "Se o país votar sim, vai precisar de mim para salvá-lo".

Há tantos discursos de Barbara que eu poderia ter escolhido, mas este de 2000 retrata bem seu espírito de luta, que era notavelmente forte mesmo aos noventa anos. Ela era imparável – ainda estava fazendo campanha e sabia muito bem como ser a queridinha do plenário da Conferência.

Barbara estava liderando a campanha para fazer com que o governo trabalhista restabelecesse a ligação entre pensões e rendimentos para todos os aposentados, em um momento em que o Gabinete de Gordon Brown tentava direcionar a ajuda aos mais pobres.

O discurso é curto, simples e subversivo. Com apenas três minutos para falar e persuadir as pessoas a apoiarem sua moção contra a vontade dos ministros do Trabalho, ela vai direto na jugular, especificamente questionando os argumentos dos ministros e minando quaisquer tentativas da parte deles de remover a questão da berlinda. O presidente da conferência tentou interrompê-la quando seus meros três minutos se aproximaram do fim, mas não teve chance. Esta não é a melhor oratória de Barbara Castle, mas é um grande testemunho da força de sua personalidade.

❝ Obrigada a todos. Tenho mais a dizer do que tempo para isso.

Camaradas, tenho certeza de que todos ficamos contentes em ouvir Tony Blair dizer em tons de toque: 'Estou escutando, eu ouço, vou agir'.

Não pude deixar de desejar que ele tivesse dito essas palavras e feito aquelas coisas em 1996, quando o governo, para desviar votos de resoluções que exigiam o vínculo de rendimentos, não criou o órgão de revisão. Para um homem e uma mulher, todos os aposentados daquele órgão de revisão exigiam a restauração do vínculo de rendimentos.

Agora eles conhecem os fatos financeiros da vida, expostos de forma tão comovente por Alistair

Darling – é claro que conhecem: eles vivem no mundo real tanto quanto nós –, mas, ainda assim, se apegam à crença de que o plano de seguro estatal é precioso e está em perigo pela recusa em aumentá-lo a cada ano, de acordo com os ganhos.

O que isso significa é o seguinte: se continuarmos com essa política, a pensão do Estado encolherá para cerca de 9% dos rendimentos médios em meados do próximo século. Para todos os efeitos e propósitos, ela estará morta. Eu não consigo entender isso.

O governo ouviu todos os nossos argumentos – foi obrigado a fazê-lo – e espero que o tenham ouvido hoje. Espero que esta resolução seja aprovada. Não é perfeita, mas, céus, a menos que a conferência declare em alto e bom som que deseja a restauração do vínculo de rendimentos, nós não o veremos – pelo menos, não durante a minha vida.

Os discursos muito inteligentes de Alistair Darling têm nos contado como o vínculo de rendimentos não faria isso ou aquilo, e como as pessoas teriam mais sem ele. O que ele deixa de dizer é que, se Margaret Thatcher não tivesse abolido o vínculo de rendimentos no momento em que chegou ao poder, em 1979, a pensão única do Estado hoje valeria 97 libras, como um direito de todos. Teria sido construída gradualmente, a um custo suportável. Não consigo entender a oposição do governo. Eles dizem que não podem pagar. Eles admitem que o fundo de seguridade nacional é superavitário e nos cobrirá pelos próximos cinco anos.

Uma pergunta foi feita recentemente na Câmara dos Comuns, e a resposta do governo foi a de que o superávit era tal que, em 2010, totalizaria quinhentos bilhões de libras. O custo do vínculo de rendimentos seria 7,5 bilhões de libras, mas a receita seria superior a onze bilhões de libras. E isso para os primeiros dez anos.

O que está acontecendo com o fundo? Uma das exigências que fiz a Gordon Brown é que pare de depenar o Fundo de Segurança Nacional, o que ele vem fazendo, como fizeram sucessivos governos.

Presidente: Encaminhe-se para a conclusão, por favor.

Barbara Castle: Se eles não estivessem depenando esse fundo, haveria outros nove bilhões de libras para pagar as pensões.

A luz vermelha se acendeu. Eu gostaria de ter tido tanto tempo quanto Alistair Darling.

Camaradas, aprovem esta resolução hoje; este país pode pagá-la. Lembrem-se de que o custo do vínculo de rendimentos só aumenta quando os rendimentos também aumentam. Será que um país próspero não pode arcar com o oferecimento de tal dignidade a todos os pensionistas? 99

Eva Kor
"Uma mensagem de esperança e cura"

Berlim
Junho de 2001

Este discurso de Eva Kor é um dos mais importantes desta antologia. É difícil encontrar palavras para apresentá-lo – pensar em algo a dizer que transmita tanto o horror impensável que ela vivenciou, mas também sua notável resiliência, dignidade e otimismo.

Eva Kor e sua irmã, Miriam, suportaram a pior crueldade que a humanidade poderia infligir. Elas eram gêmeas e foram alvo de experimentos do médico nazista Josef Mengele. Arrancadas da mãe nos portões de Auschwitz, nunca mais a viram. Foram torturadas, injetadas e submetidas a experimentos – duas das 3 mil crianças judias das quais Mengele usou e abusou como "cobaias humanas" – a maioria, assassinadas.

Contrariando todas as probabilidades, Eva e Miriam sobreviveram e, após a libertação de Auschwitz, foram devolvidas à Romênia, e depois se mudaram para Israel.[12] Após meio século, Eva Kor fez esse discurso para uma plateia de médicos alemães em Berlim, descrevendo o que aconteceu com ela, desafiando a profissão médica a nunca mais violar os direitos humanos e a dignidade, e falando sobre cura. Mas o horror do que ela descreve também é o que torna a segunda metade de sua fala tão incomum. O próprio Mengele nunca foi encontrado ou levado à justiça, mas outros médicos nazistas, sim. Kor quis se encontrar com um deles para obter sua confirmação pública dos horrores do Holocausto, e depois perdoá-lo.

Sua decisão foi controversa. Muitos dos sobreviventes jamais compreenderiam tal coisa, mas Eva deixou claro que não falava por eles, nem perdoava em seu nome. Kor disse que seu perdão não era às atrocidades do Holocausto ou aos perpetradores nazistas, mas um ato de cura pessoal. Como ela diz neste discurso:

> "Senti um fardo de dor ser tirado de meus ombros".

Foi só nos anos 1970 e 1980 que Kor e alguns outros começaram a procurar mais gêmeos sobreviventes e a se manifestar – marcando o 40º aniversário da libertação de Auschwitz com um julgamento simulado para Mengele.

Em julho de 2019, Eva Kor viajou de volta para Auschwitz como parte da visita educacional anual organizada por sua fundação para ajudar outras pessoas a aprender sobre os horrores do que aconteceu lá. Foi sua última visita. Ela morreu na Polônia, aos 85 anos.

À medida que os últimos sobreviventes do Holocausto morrem, parece ainda mais importante ler e ouvir suas palavras – no discurso de Eva Kor e em outros –, para que as histórias dessas vítimas nunca sejam esquecidas.

> Há 57 anos, fui uma cobaia humana em Auschwitz... Não sou a porta-voz de todos os gêmeos. Hoje falo apenas em meu nome. Sei que alguns de meus companheiros sobreviventes não compartilham minhas ideias. Mas estamos todos aqui para ser honestos, conhecer a verdade e aprender com o capítulo mais trágico da história humana. [...]
>
> Cheguei a Auschwitz na manhã do primeiro dia da primavera, em 1944. Nosso trem, usado para o transporte de bovinos, parou repentinamente. Eu podia ouvir muitas vozes alemãs gritando ordens do lado de fora. Estávamos espremidos como sardinhas no vagão e, acima da multidão de corpos, não consegui ver nada além de um pequeno pedaço de céu cinza através dos arames farpados da janela. [...]

Assim que descemos na plataforma de cimento, minha mãe agarrou minha mão e a da minha irmã gêmea, esperando, de alguma forma, nos proteger. Tudo estava acontecendo muito rápido. Quando olhei em volta, percebi que meu pai e minhas duas irmãs mais velhas haviam partido – nunca mais vi nenhum deles.

Enquanto Miriam e eu segurávamos a mão da mamãe, um soldado da SS apressou-se em gritar 'Zwillinge! Zwillinge!', 'Gêmeas! Gêmeas!'. Ele parou para olhar para minha irmã gêmea e eu porque estávamos vestidas da mesma forma e éramos muito parecidas.

'Elas são gêmeas?', perguntou ele.

'Isso é bom?', perguntou mamãe.

'Sim', respondeu o soldado da SS.

'Sim, elas são gêmeas', confirmou mamãe.

Sem qualquer aviso ou explicação, Miriam e eu fomos agarradas e separadas de mamãe. Nossos gritos e súplicas eram recebidos por ouvidos surdos. Lembro-me de olhar para trás e ver os braços de minha mãe esticados, em desespero, enquanto era puxada, na direção oposta, por um soldado da SS.

Nunca pude me despedir dela. Foi a última vez que a vimos. Tudo isso levou trinta minutos. Miriam e eu não tínhamos mais família. Estávamos sozinhas. Não sabíamos o que aconteceria conosco.

Fizeram tudo isso conosco porque nascemos judias. Não entendíamos como aquilo era um crime. [...]

Fomos levadas até um prédio enorme e obrigadas a sentar nas arquibancadas, nuas, enquanto nossas roupas eram levadas. Já era fim de tarde quando as roupas foram devolvidas com uma grande cruz vermelha pintada nas costas. Então começou o nosso processamento.

Quando chegou minha vez, decidi que não permitiria que fizessem o que quisessem comigo e revidei. Quando agarraram meu braço para tatuá-lo, gritei, chutei e lutei.

Quatro pessoas – dois soldados da SS e duas prisioneiras – me contiveram com todas as suas forças, enquanto um ferro incandescente, mergulhado em tinta, queimava na minha carne, ponto por ponto, o código A-7063. [...]

Após a refeição da noite, duas meninas nos informaram sobre o que acontecia no acampamento. Foi então que soubemos das enormes chaminés fumegantes e as chamas brilhantes erguendo-se bem acima delas. Entendemos o que acontecera aos dois grupos de pessoas que vimos na plataforma de seleção. Descobrimos que estávamos vivas apenas porque o Dr. Mengele queria nos usar em seus experimentos. [...]

Miriam e eu fomos até a latrina no final do barracão. Ali, naquele chão imundo, estavam jogados os cadáveres de três crianças, os corpos nus e enrugados. Seus olhos, bem abertos, olhavam para mim. Percebi que aquilo poderia acontecer comigo e com Miriam, a menos que eu fizesse algo para evitá-lo. Então, fiz uma promessa silenciosa: 'Farei tudo que estiver ao meu alcance para que Miriam e eu não acabemos nesse chão de latrina imundo'.

A partir daquele momento, concentrei todos os meus esforços, todas as minhas habilidades e todo o meu ser em uma só coisa: sobreviver. [...]

Estávamos famintas por comida, por bondade humana e pelo amor da mãe que já tivéramos. Não tínhamos direitos, mas éramos dotadas de uma forte determinação: viver mais um dia, sobreviver a mais um experimento. [...] Sabíamos que estávamos ali como cobaias de experimentos, totalmente à mercê dos médicos nazistas. Nossa vida dependia inteiramente dos caprichos dos médicos.

Nada na face da terra pode preparar alguém para um lugar como Auschwitz. Aos dez anos, eu me tornei parte de um grupo especial de crianças que eram usadas como cobaias humanas pelo Dr. Josef Mengele. Cerca de três mil gêmeos foram usados por Mengele em seus experimentos mortais. Estima-se que menos de duzentos sobreviveram.

Em Auschwitz, vivemos uma existência emocionalmente isolada. Durante todo o tempo em que estive lá, Miriam e eu conversamos muito pouco. Tudo o que podíamos dizer uma à outra era 'não fique doente' e 'você tem outro pedaço de pão?'. Empenhei cada grama de energia em sobreviver mais um dia, a mais um experimento. Não chorávamos porque sabíamos que ajuda nenhuma viria. Aprendemos isso nos primeiros dias. [...]

Fiquei muito doente depois de uma injeção no laboratório de Mengele. Tentei esconder o fato de que estava doente, porque corria o boato de que alguém levado para o hospital nunca mais voltava. Na visita seguinte ao laboratório, eles mediram minha febre e fui levada ao hospital.

No dia seguinte, uma equipe do Dr. Mengele e quatro outros médicos olharam para meu gráfico de febre e declararam: 'Que pena, ela é tão jovem. Ela tem só mais duas semanas de vida'.

Eu estava sozinha. Os médicos que eu tinha não queriam me curar. Eles me queriam morta. Miriam não estava comigo. Eu sentia muito a falta dela. Ela era a única pessoa gentil e amorosa que eu podia abraçar quando estava com fome, frio e medo.

Eu me recusei a aceitar aquele veredicto. Eu me recusava a morrer!

Fiz uma segunda promessa para mim mesma: 'Farei tudo ao meu alcance para ficar boa e voltar a encontrar minha irmã, Miriam'. [...]

Fiquei muito doente, ardendo de febre, entre a vida e a morte... Perdia e recuperava a consciência. E repetia para mim mesma: 'Preciso sobreviver. Preciso sobreviver'.

Depois de duas semanas, minha febre cedeu e comecei a me sentir mais forte... Se eu tivesse morrido, Mengele assassinaria Miriam com uma injeção no coração e faria autópsias comparativas em nossos corpos. Foi assim que a maioria dos gêmeos morreu. [...]

Em 27 de janeiro de 1945, um dia de neve branca, quatro dias antes do meu décimo primeiro aniversário, Auschwitz foi invadido pelos soviéticos, que nos libertaram. Nós estávamos vivas. Nós sobrevivemos. Tínhamos triunfado sobre o mal inacreditável. [...]

Vocês, que são médicos e cientistas, estão de parabéns. Escolheram uma profissão maravilhosa e difícil; maravilhosa, porque podem salvar vidas e aliviar o sofrimento, mas difícil porque caminham sobre uma linha muito tênue.

Vocês foram treinados para usar o bom senso, manter a calma e a serenidade, mas não podem se esquecer de que estão lidando com seres humanos. Portanto, assumam um compromisso moral de que nunca, jamais violarão os direitos de ninguém ou negarão dignidade a alguém. [...]

Estamos nos encontrando aqui como antigos adversários. Espero que possamos nos separar como amigos.

Meu povo, o povo judeu, é trabalhador, inteligente e atencioso. Meu povo é gente boa. Não merecíamos o tratamento que recebemos. Ninguém merece tal tratamento.

Seu povo, o povo alemão, é trabalhador, inteligente e atencioso. [...] Há muita dor que nós, o povo judeu, e vocês, o povo alemão, carregamos conosco. Carregar o fardo do passado não ajuda ninguém. Devemos aprender a nos curar das tragédias do Holocausto e ajudar nosso povo a curar sua alma dolorida.

Gostaria de compartilhar com vocês meu último ato de cura dos horrores de 56 anos atrás. Eu sei que muitos dos meus companheiros sobreviventes não compartilharão, apoiarão ou compreenderão minha forma de cura. Pode haver algumas pessoas em ambos os lados que ficarão com raiva de mim. Eu entendo, mas acredito que não devemos continuar sofrendo para sempre. Foi assim que me curei. Ouso esperar que funcione para outras pessoas.

Eu perdoei os nazistas. Eu perdoei a todos. Por ocasião do quinquagésimo aniversário da libertação de Auschwitz, em uma cerimônia com a presença de meus filhos... eu me encontrei com um médico nazista, Dr. Hans Münch, um ex-médico da SS em Auschwitz...

Em julho de 1993, recebi um telefonema do Dr. Mihalchick, do Boston College, que me convidou para palestrar em uma conferência sobre medicina nazista. Em seguida, acrescentou: 'Eva, seria bom se você pudesse trazer um médico nazista com você'. Eu disse: 'Dr. Mihalchick, onde vou encontrar um médico nazista? A última vez que olhei, eles não estavam anunciando nas páginas amarelas'. [...]

Em 1992, Miriam e eu fomos consultoras em um documentário sobre os gêmeos do Dr. Mengele produzido pela ZDF, uma empresa de televisão alemã. Nesse documentário, eles entrevistaram um médico nazista chamado Dr. Hans Münch.

Entrei em contato com a ZDF para perguntar se eles me dariam o endereço e o número de telefone do Dr. Münch, em memória de minha irmã, que falecera no mês anterior. Uma hora depois, eu tinha seu endereço e número de telefone. Em agosto, eu estava indo me encontrar com o Dr. Münch. [...]

Cheguei na casa do Dr. Münch. Eu estava muito nervosa. [...] O Dr. Münch me tratou com o maior respeito. Quando nos sentamos para conversar, eu disse a ele: 'Aí está você – um médico nazista de Auschwitz – e aqui estou eu – uma sobrevivente de Auschwitz – e gosto de você. Isso me parece estranho'. [...]

Perguntei-lhe se, por acaso, ele sabia alguma coisa sobre o funcionamento das câmaras de gás. E ele disse: 'Este é o pesadelo com que convivo'. Então, começou a me contar sobre o funcionamento das câmaras de gás e que, quando todos morriam, ele assinava os atestados de óbito.

Pensei sobre isso por um momento, e então disse: 'Dr. Münch, tenho um grande pedido a fazer. Você poderia, por favor, vir comigo a Auschwitz, em janeiro de 1995, quando a libertação de Auschwitz completará cinquenta anos, e assinar um documento, nas ruínas das câmaras de gás e na presença de testemunhas, sobre o que você me contou?'. Ele aceitou. Voltei para casa feliz por ter um documento sobre as câmaras de gás de Auschwitz – algo que me ajudaria a combater os revisionistas que dizem que não havia câmaras de gás.

Tentei pensar em uma forma de agradecer ao Dr. Münch. Então, um dia, tive uma ideia: 'Que tal uma carta de perdão?'. Percebi imediatamente que ele gostaria. Também me dei conta de que eu tinha o poder de perdoar. Ninguém poderia me dar esse poder, nem o tirar de mim.

Comecei a escrever minha carta ao Dr. Münch... E não tinha ideia do que estava fazendo. Eu só sabia que me sentia bem por ter esse poder. Em janeiro de 1995, meus filhos... e eu, e o Dr. Münch com seus filhos e neta, chegamos a Auschwitz.

Em 27 de janeiro de 1995, estávamos perto das ruínas de uma das câmaras de gás. O documento do Dr. Münch foi lido e ele o assinou. Li minha Declaração de Anistia e a assinei. Senti um fardo de dor ser tirado de meus ombros. Eu não era mais uma vítima de Auschwitz. Eu não era mais uma prisioneira do meu passado trágico. Finalmente estava livre. Por isso, digo a todos: 'Perdoe o seu pior inimigo. Isso vai curar sua alma e te libertar'.

No dia em que perdoei os nazistas, perdoei meus pais, por não terem me salvado de um destino em Auschwitz, e me perdoei por odiar meus pais. [...]

Como podemos construir um mundo saudável e pacífico enquanto todos esses legados dolorosos apodrecerem sob a superfície?

Vejo um mundo onde os líderes advogarão e apoiarão com legislação o ato de perdão, anistia e reconciliação, em vez de justiça e vingança. Vimos na Bósnia, em Kosovo e em Ruanda que as vítimas se tornaram vitimizadores, e os vitimizadores se tornaram vítimas. Vamos tentar algo novo para acabar com esse círculo vicioso. [...]

Gostaria de citar a minha Declaração de Anistia: 'Espero, de alguma forma, enviar ao mundo uma mensagem de perdão; uma mensagem de paz, uma mensagem de esperança, uma mensagem de cura'.

Que não haja mais guerras, nem experimentos sem consentimento, nem câmaras de gás, nem bombas, nem ódio, nem mais mortes, nem mais Auschwitzes. **"**

Theresa May
"Modernizando o Partido Conservador"

Conferência do Partido Conservador, Bournemouth
Outubro de 2002

Theresa May e eu seguimos uma à outra por mais de 20 anos. Fomos ambas eleitas pela primeira vez em 1997, nos sentamos juntas no mesmo comitê (não conversamos muito), fomos promovidas em momentos semelhantes e acabamos nos opondo uma à outra em cargos de alto escalão – primeiro quando eu era ministra do Gabinete do Trabalho, depois quando ela se tornou secretária do Interior pelo Partido Conservador. Eu fui candidata à liderança do Partido Trabalhista em 2015 e perdi. Ela se candidatou à liderança do Partido Conservador e ao cargo de primeira-ministra em 2016 e venceu.

Discordamos muito ao longo dos anos, e eu a desafiei diversas vezes no Parlamento em questões diferentes e difíceis. Eu poderia escrever um livro só com as (muitas) coisas em que, na minha opinião, ela errou, e as decisões tomadas por ela que me irritam.

Mas também a respeito como alguém que foi uma funcionária pública séria e trabalhadora, que demonstrou sensibilidade e critério ao lidar com ataques terroristas terríveis – os quais poderiam ter dividido nosso país – e que também exibiu notável resiliência pessoal durante sua turbulenta liderança.

Theresa May sempre foi uma oradora forte e reconhecida no Parlamento, mesmo sob imensa pressão. No entanto, seu discurso na Conferência do Partido Conservador, em 2017, foi o pior pesadelo de qualquer político: ela começou a tossir e perdeu a voz; um manifestante, então, entregou-lhe um comprovante de desemprego P45[*] e, para piorar, cartas literalmente começaram a cair atrás dela enquanto falava. Teria sido rebuscado em uma sátira de TV.

Houve muitos discursos contrastantes para escolher em sua carreira parlamentar. Suas palavras nos degraus

---

[*] O formulário P45 é um documento oficial emitido por um empregador no Reino Unido quando um funcionário deixa um emprego. Ele contém informações importantes sobre o empregado, como nome, endereço, número nacional de seguro social, data de término do emprego e a razão pela qual o emprego foi encerrado. [N. E.]

de Downing Street*, quando assumiu o cargo, sobre a luta contra "as injustiças ardentes", foram poderosas,[13] embora não tenham sido proferidas na prática. A maioria de seus discursos significativos como primeira-ministra foi no Brexit, incluindo o discurso de Lancaster House, que estabeleceu limites para apaziguar seu partido, mas também tornou mais difícil para ela alcançar, posteriormente, um consenso no Parlamento.

No final, porém, escolhi para este livro um discurso muito anterior, porque acho que foi corajoso. Proferido durante a Conferência do Partido Conservador em 2002, grande parte dele repetiu palavras que todos os presidentes do Partido Conservador dizem – reunindo os fiéis, criticando o Partido Trabalhista e assim por diante. Porém, de repente, Theresa May fez algo diferente: ela criticou o próprio partido. Ela questionou, de forma ponderada, mas robusta, a imagem de "partido desagradável" que os tóris desenvolveram.

No curto prazo, o tiro saiu pela culatra. Isso reforçou a percepção do partido de que May tentava confrontá-los. Os trabalhistas poderiam citar as palavras dela. Mas a médio e longo prazo, foi um movimento importante: May se estabeleceu como uma mulher preparada para fazer e dizer coisas difíceis. Além disso, abriu caminho para a

---

* Residência oficial de todos que ocupam o cargo de primeiro-ministro do Reino Unido. [N. T.]

"modernização" do Partido Conservador promovida por David Cameron – e os conservadores se tornaram o maior partido em 2010.

Ela também foi uma das primeiras, em seu partido, a defender e trabalhar por mais diversidade entre os candidatos conservadores – incluindo mais candidatas mulheres e mais candidatos de minorias étnicas. Como resultado, quando deixou o cargo de primeira-ministra, 21% dos parlamentares conservadores eram mulheres, em comparação aos 7% em 1997, quando eu e ela fomos eleitas.[14]

❝ Esta conferência marca uma nova abordagem de um partido em transformação. Moldar soluções, em vez de apenas fazer política. Ouvir o povo da Grã-Bretanha, que está tão decepcionado. Reformar a nós mesmos para que possamos reformar a Grã-Bretanha.

A política se trata de serviço público. Tudo o que fazemos – no Parlamento, em nossas zonas, aqui em Bournemouth – deve ser motivado por um objetivo: melhorar a vida dos nossos concidadãos.

Em sua melhor forma, a política é uma vocação nobre. E, fazendo o seu melhor, os políticos – de Churchill a Thatcher – transformaram positivamente a Grã-Bretanha. Mas temos que enfrentar uma verdade profundamente incômoda, reforçada pelo que lemos em todos os jornais nas últimas semanas. O público está perdendo a fé na política.

Os políticos são vistos como indignos de confiança e hipócritas. Falamos um idioma diferente. Vivemos em um mundo diferente. Parece que estamos marcando pontos, jogando e buscando vantagem pessoal – enquanto os proprietários de casas lutam para pagar as contas e os estudantes veem anos de trabalho árduo minados pelo golpe da caneta de um burocrata.

Por que o público se tornou tão cínico em relação à política e aos políticos?

Se formos honestos, acho que sabemos a resposta. Nos últimos anos, vários políticos se comportaram vergonhosamente e, em seguida, agravaram suas ofensas tentando fugir à responsabilidade. Todos sabemos quem eles são. Vamos encarar a verdade, alguns deles já estiveram onde hoje estou.

Existem muitas outras razões pelas quais os eleitores aprenderam a desconsiderar o que temos a dizer, por mais alto que o façamos: prometer muito e entregar muito pouco; voltar atrás em nossas palavras; perseguir nossas obsessões, em vez de lutar pelo bem comum.

Cada vez menos pessoas estão se preocupando em votar. Por quê? Porque acham que os políticos farão exatamente o que quiserem.

Mais pessoas votam em um programa de TV do que em um partido político. E aqueles que votam acham que um homem vestido de macaco tem mais chance de cumprir suas promessas eleitorais do que qualquer partido. Podemos rir disso. Mas, quando eles começarem a votar no BNP, aí será hora de admitir que as coisas deram muito errado.

Portanto, os políticos precisam olhar para si mesmos. E isso, senhoras e senhores, inclui conservadores.

Uma das coisas que as pessoas mais odeiam na política moderna é o partidarismo quase irracional que passa por debate. Ya-boo*, Punch e Judy**, chamem como quiserem, o público está farto disso.

Os eleitores querem que a oposição escrutinize o governo e o faça responder por seus atos. Mas os eleitores só pensarão na oposição como um governo alternativo se a oposição agir como os governos deveriam agir – de uma forma razoável, julgando as questões por seus méritos e as pessoas em seus registros. [...]

---

* "Ya-boo" é uma expressão informal usada principalmente no Reino Unido, que significa "zombar" ou "provocar" alguém de uma forma infantil ou petulante. É frequentemente usada em contextos de disputas políticas ou esportivas, quando um lado tenta ridicularizar o outro com comentários maliciosos ou gestos. [N. T.]

** Teatro de marionetes muito famoso no Reino Unido. [N. E.]

Enquanto os partidos gritam uns com os outros, ninguém fora da vila de Westminster presta atenção em nada disso. As pessoas simplesmente se desligam. A política britânica de fato caiu em uma rotina. [...]

Nossos oponentes tentam retratar nossa crença em uma governança enxuta como se não nos importássemos com os necessitados. Mas não é e nunca foi o caso. Rejeitamos a abordagem trabalhista de que 'o governo sabe o que é melhor', mas certamente não seguimos uma filosofia em que as pessoas nadem ou afundem.

Acreditamos que um governo ativo deve se concentrar em fazer o que puder para ajudar as pessoas a continuar com suas vidas. Esta é a verdadeira medida de um governo compassivo. E é por isso que é imperativo que o Partido Conservador faça suas próprias reformas – para que estejamos em posição de realizar as reformas de que a maioria das pessoas agora aceita que a Grã-Bretanha precisa. [...]

Mas o Partido Conservador, seus princípios, seu povo, foram decepcionados nos últimos anos pelo fracasso de alguns em representar fielmente o que há de melhor no conservadorismo. Alguns conservadores tentaram ganhar capital político demonizando as minorias, em vez de demonstrar confiança em todos os cidadãos de nosso país.

Alguns conservadores se entregaram a brigas mesquinhas ou críticas pessoais, em vez de apoiar um líder que está fazendo uma enorme quantidade de mudanças em um partido que sofreu duas derrotas esmagadoras. E, ao longo dessa semana, não se esqueçam disso. Duas vezes nos apresentamos ao país inalterados, sem arrependimentos e sem atrativos. E duas vezes fomos massacrados. Nas próximas eleições, nos apresentarmos sem mudanças radicais – e fundamentais – simplesmente não é uma opção.

Mais do que isso, devemos acelerar o ritmo das mudanças. [...]

Mas não nos enganemos. Há um caminho a percorrer antes de voltarmos ao governo. Há muito que precisamos fazer nesse nosso partido. Nossa base é muito estreita e, também, ocasionalmente, nossas simpatias. Vocês sabem como algumas pessoas nos chamam, o partido desagradável.

Eu sei que é injusto. Vocês sabem que é injusto, mas são as pessoas que precisamos convencer – e só podemos fazer isso evitando comportamentos e atitudes que favoreçam os nossos oponentes. Chega de moral superficial, de apontar os dedos hipocritamente.

Precisamos alcançar todas as áreas da nossa sociedade. Quero que sejamos o partido que representa toda a Grã-Bretanha, não apenas algum lugar mítico chamado 'Middle England'*. Mas a verdade é que, enquanto nosso país se tornou mais diversificado, nosso partido permaneceu o mesmo.

Não devemos subestimar a extensão desse problema. Perguntem-se: como podemos realmente reivindicar ser o partido da Grã-Bretanha, se não representamos verdadeiramente a Grã-Bretanha em nosso partido?

Nosso país não é simplesmente uma área geográfica. São as pessoas que vivem e trabalham nela. São as pessoas das cidades do interior, tanto quanto as dos subúrbios arborizados ou das aldeias rurais. São as pessoas do Norte e do Sul, do Leste e do Oeste. É o rosto na rua, qualquer que seja sua cor, qualquer que seja seu gênero, qualquer que seja sua condição econômica.

Estamos realmente dando a todos em nossa sociedade uma chance justa de representar o Partido Conservador?

Como uma mulher conservadora, suspeito instintivamente da discriminação positiva. Eu acredito apaixonadamente na meritocracia. Mas será que estamos realmente escolhendo nossos candidatos

---

* Termo sociopolítico que se refere às classes médias e baixas da Inglaterra cujas inclinações políticas são para a ala conservadora. [N. T.]

do Partido Conservador com base no mérito? Não é hora de termos a mente mais aberta sobre o que torna alguém o melhor candidato?

Nossas associações prezam sua independência, mas com ela vem a responsabilidade. Ao selecionar um candidato, você não está simplesmente escolhendo alguém para representar sua associação ou área. Seu candidato se torna o rosto do Partido Conservador. Portanto, não pergunte a si mesmo se você ficaria feliz em tomar uma bebida com essa pessoa em um domingo de manhã: pergunte, em vez disso, o que essa pessoa diz sobre nós.

Na última eleição geral, 38 novos deputados conservadores foram eleitos. Desse total, apenas uma era mulher, e nenhum pertencia a uma minoria étnica. Isto é justo? Metade da população tem direito a apenas uma vaga em 38?

Isso não é meritocracia – isso é uma farsa e não será permitido que aconteça de novo.

Receio que a seleção de candidatos seja apenas uma das áreas em que nosso partido parece, para muitos de fora de nossas fileiras, estar irremediavelmente preso ao passado. Nossa aparência, nossa maneira de falar e nossa forma de pensar – esse pode ser um partido confortável consigo mesmo, mas é um partido compatível com a Grã-Bretanha do século XXI?

Algumas pessoas não gostam desse tipo de conversa. Elas dizem que é derrotista. Desnecessária. Elas acusam aqueles de nós que levantam essas questões de não gostar do Partido Conservador.

Eu acredito apaixonadamente no Partido Conservador. Porque acredito apaixonadamente que é o Partido Conservador que pode tornar a Grã-Bretanha uma sociedade melhor. E é precisamente porque acredito apaixonadamente nesse nosso partido que estou totalmente determinada a vê-lo sobreviver, prosperar e vencer.

Nosso partido faz aquilo em que é melhor quando aplica os princípios conservadores ao mundo moderno. E trabalha da pior maneira quando tenta recriar uma época passada. Não podemos trazer de volta o passado. Podemos trabalhar juntos para tornar o mundo de hoje e de amanhã um lugar melhor.

Os valores e aspirações que motivam o povo britânico são os mesmos que nos motivam. Suas prioridades são nossas prioridades.

Eles querem, primeiro, serviços públicos melhores – nós também.

Eles querem uma sociedade que cuide de pessoas vulneráveis – nós também.

Eles querem que a Grã-Bretanha seja melhor – nós também.

Porque somos o partido que se preocupa mais com aonde se vai do que de onde se veio. Somos o partido de todos na Grã-Bretanha que desejam mudar as coisas para melhor. O *status quo* não vai mais funcionar – está deixando muitas pessoas para trás. É por isso que estamos comprometidos com a mudança. Não com uma mudança por si só, mas com um propósito – tanto em nosso país quanto em nosso partido.

Sabemos que as mudanças que estamos fazendo em nosso partido não nos trarão, por si só, a vitória nas eleições. Mas elas nos darão o direito de ser ouvidos. E quando somos ouvidos, sempre superamos nossos oponentes.

Porque enquanto eles acreditam no controle, nós acreditamos na liberdade. Enquanto eles acreditam na uniformidade, nós acreditamos na escolha.

Enquanto eles confiam nos políticos, nós confiamos nas pessoas. E essa sempre será a diferença entre nós.

A história nos mostra que quando o Partido Conservador está disposto a mudar, está pronto para vencer. Nossos antepassados nunca hesitaram em modernizar o Partido Conservador, então por que deveríamos? Existimos hoje porque os conservadores do passado entenderam a necessidade de inovar, de ampliar, de estar onde as pessoas estão. A mudança foi nossa aliada e pode ser novamente.

Portanto, se você deseja viver em uma sociedade que cuida de seus vulneráveis tanto quanto de seus fortes; se você quiser viver em uma Grã-Bretanha onde as pessoas são encorajadas a crescer; se você quer viver em um país onde esperança e oportunidade significam algo para todos, dê-nos o seu apoio.

Faça a sua parte enquanto nos concentramos em reconstruir o Partido Conservador e torná-lo uma força que oferecerá a este país uma escolha real nas próximas eleições.

Devemos isso a nós mesmos.

Devemos isso às gerações futuras. E, acima de tudo, devemos isso à Grã-Bretanha. **"**

Wangari Maathai
"Um mundo de beleza e deslumbre"

Discurso do Prêmio Nobel, Oslo
Dezembro de 2004

Wangari Maathai foi a primeira mulher africana a ganhar um Prêmio Nobel da Paz; ao aceitá-lo, em seu discurso disse que esperava que isso encorajasse as mulheres e meninas a "erguer a voz".

O discurso conta a história da fundação do Movimento do Cinturão Verde na década de 1970, que começou em forma de campanha popular para plantar árvores, proteger o meio ambiente e prevenir a pobreza e tornou-se um movimento pela paz e pela democracia.

Maathai viu como o desmatamento no Quênia estava levando famílias à pobreza – sendo as mulheres as mais atingidas. Então, deu início a um movimento de plantio de árvores (até hoje, já foram

50 milhões delas no país), proporcionando empregos para as mulheres das áreas rurais.

No início, as árvores forneciam combustível, alimento, abrigo e renda, além de proteger o meio ambiente e o solo. Com o tempo, elas se tornaram uma oportunidade para que as mulheres conquistassem independência econômica e seus filhos tivessem acesso à educação. Conforme as árvores e o movimento cresciam, também se tornaram um símbolo político para a democracia e a mudança. Cada árvore plantada fazia parte da luta democrática; cada uma era um símbolo de paz.

Maathai era uma mulher extremamente corajosa. Ela protestou contra o projeto de construção de um arranha-céu no Parque Uhuru, no Quênia. Entrou com uma ação judicial e venceu. Fez greve de fome, plantou árvores com outros ativistas para exigir a libertação de presos políticos e foi espancada pela polícia até perder a consciência. Ela foi até mesmo incluída em uma lista de "inimigos" do governo.

Pioneira, Maathai se tornou a primeira mulher na África Oriental e Central a obter um PhD, a primeira a se tornar professora, a primeira a ganhar um Prêmio Nobel.[15] Achim Steiner, diretor do Programa Ambiental da ONU, disse sobre ela:

"Wangari tinha, como as acácias e as árvores *Prunus africana* que lutou com tanta nobreza e determinação para conservar, um grande caráter e a capacidade de sobreviver nas condições mais adversas".[16]

Seu discurso não é apenas uma história poderosa: é também uma reflexão poética na qual ela descreve sua infância bebendo água direto de um riacho para, então, nos arrancar desse bem-estar – hoje em dia, o córrego está seco. Assim como Greta Thunberg nos intimou, 40 anos depois, a reconhecer nossas obrigações para com a próxima geração, Maathai nos desafiou a "restaurar a morada dos girinos e devolver, aos nossos filhos, um mundo de beleza e deslumbre".

❝ Vim até aqui para, diante de vocês e do mundo, aceitar humildemente este reconhecimento. Estou extasiada e honrada em receber o Prêmio Nobel da Paz de 2004.

Como a primeira mulher africana a receber este prêmio, eu o aceito em nome do povo do Quênia e da África, e de todo o mundo.

Penso especialmente nas mulheres e meninas. Espero que isso as incentive a fazer com que sua voz seja ouvida – e que passem a ocupar espaços de liderança. Sei que essa honra também deixará nossos homens orgulhosos, tanto os idosos como os jovens.

Como mãe, eu me sinto agradecida pela inspiração que esse prêmio trará aos jovens. Por favor, usem essa inspiração para realizar seus sonhos. [...]

A minha inspiração vem, em parte, de minhas experiências de infância e observações da natureza na zona rural do Quênia. Foi influenciada e alimentada pela educação formal que tive o privilégio de receber no Quênia, nos Estados Unidos e na Alemanha.

Ao crescer, testemunhei as florestas sendo derrubadas e substituídas por plantações comerciais, o que destruiu a biodiversidade local e a capacidade dessa vegetação de reter a água.

Em 1977, quando o Movimento do Cinturão Verde foi criado, meu objetivo era suprir as carências identificadas pelas mulheres nas zonas rurais: falta de lenha, água potável limpa, alimentação balanceada, abrigo e renda.

Em toda a África, as mulheres são as principais cuidadoras e têm grande responsabilidade no cultivo da terra e na alimentação de suas famílias.

Por causa disso, muitas vezes são as primeiras a perceber os danos ambientais, já que os recursos se tornam escassos, e elas, incapazes de sustentar suas famílias.

As mulheres com quem trabalhamos não conseguiam atender, no momento, às suas necessidades básicas, por causa da degradação de seu meio ambiente imediato, bem como da introdução da agricultura comercial, que substituiu o cultivo de alimentos domésticos. O comércio internacional controlava o preço das exportações desses pequenos agricultores, e uma renda razoável e justa não podia ser garantida.

Compreendi que, quando o meio ambiente é destruído, saqueado ou mal administrado, prejudicamos nossa qualidade de vida e a das gerações futuras.

O plantio de árvores tornou-se uma escolha natural para atender a algumas das necessidades básicas iniciais identificadas pelas mulheres. Além disso, o plantio de árvores é simples, realizável e garante resultados rápidos e bem-sucedidos em um período razoável. Isso sustenta interesse e compromisso.

Então, juntas, plantamos mais de trinta milhões de árvores que fornecem combustível, alimento, abrigo e renda para sustentar a educação de seus filhos e as necessidades domésticas. A atividade também cria empregos e melhora os solos e bacias hidrográficas. Por meio de seu envolvimento, as mulheres ganham certo grau de poder sobre sua vida, especialmente sua posição social e econômica e relevância na família. Este trabalho continua.

Inicialmente, o trabalho foi difícil porque, historicamente, nosso povo foi persuadido a acreditar que, por ser pobre, não só não tinha capital, mas também conhecimento e habilidades para enfrentar seus desafios. Estão condicionados a acreditar que as soluções para seus problemas devem vir de 'fora'. Além disso, as mulheres não percebiam que atender às suas necessidades dependia de seu ambiente ser saudável e bem administrado. [...]

Para ajudar as comunidades a entender essas relações, desenvolvemos um programa de educação cidadã, em que as pessoas identificam seus problemas, as causas e as possíveis soluções. [...] No processo, os participantes descobrem que devem fazer parte das soluções. Eles percebem seu potencial oculto e têm o poder de superar a inércia e agir. Eles reconhecem que são os principais guardiões e beneficiários do meio ambiente que os sustenta. [...]

Embora inicialmente as atividades de plantio de árvores do Movimento do Cinturão Verde não abordassem questões de democracia e paz, logo ficou claro que a governança responsável do meio ambiente era impossível sem espaço democrático. Portanto, a árvore tornou-se um símbolo da luta democrática no Quênia. Os cidadãos se mobilizaram para desafiar os abusos generalizados de poder, corrupção e má gestão ambiental. No Parque Uhuru de Nairóbi, em Freedom Corner e em muitas partes do país, árvores da paz foram plantadas para exigir a libertação de prisioneiros políticos e uma transição pacífica para a democracia.

Por meio do Movimento do Cinturão Verde, milhares de cidadãos comuns foram mobilizados e capacitados para agir e efetuar mudanças. Eles aprenderam a superar o medo e a sensação de impotência e passaram a defender os direitos democráticos.

Com o tempo, a árvore também se tornou um símbolo de paz e resolução de conflitos, especialmente durante conflitos étnicos no Quênia, quando o Movimento do Cinturão Verde usou árvores da paz para reconciliar comunidades em disputa. Durante a reescrita da constituição do Quênia, árvores de paz semelhantes foram plantadas em muitas partes do país para promover uma cultura pacífica.

Usar árvores como símbolo de paz está de acordo com uma tradição africana muito difundida. Por exemplo, os anciãos dos Kikuyu carregavam um cajado da árvore Thigi que, quando colocado entre dois lados em disputa, fazia com que parassem de lutar e buscassem a reconciliação. Muitas comunidades na África têm essas tradições. [...]

Em 2002, a coragem, resiliência, paciência e o compromisso dos membros do Movimento do Cinturão Verde, de outras organizações da sociedade civil e do público queniano culminaram na transição pacífica para um governo democrático e lançaram as bases para uma sociedade mais estável.

Já se passaram trinta anos desde que iniciamos este trabalho. Atividades que devastam o meio ambiente e a sociedade continuam inabaláveis. Hoje, enfrentamos um desafio que exige uma mudança em nosso pensamento, para que a humanidade pare de ameaçar seu sistema de suporte de vida.

Somos chamados a ajudar a terra a curar suas feridas e, no processo, curar as nossas próprias – na verdade, a abraçar a criação em toda a sua diversidade, beleza e maravilha. Isso acontecerá se percebermos a necessidade de reviver nosso senso de pertencimento a uma família maior, de vida, com a qual compartilhamos nosso processo evolutivo.

No curso da história, chega um momento em que a humanidade é chamada a mudar para um novo nível de consciência, a alcançar um nível moral superior. Um momento em que devemos nos livrar do nosso medo e dar esperança uns aos outros.

Essa hora é agora. [...]

Ao concluir, reflito sobre minha experiência de infância, quando ia a um riacho próximo à nossa casa para buscar água para minha mãe.

Eu bebia água direto do riacho. Brincando entre as folhas de araruta, tentava, em vão, pegar os filamentos de ovos de rã, acreditando que eram contas.

Mas toda vez que colocava meus dedinhos, eles se quebravam. Mais tarde, vi milhares de girinos: negros, enérgicos e se contorcendo na água límpida contra o fundo da terra marrom. Este foi o mundo que herdei de meus pais.

Hoje, mais de 50 anos depois, o riacho secou, as mulheres caminham longas distâncias em busca de água – que nem sempre é limpa – e as crianças nunca saberão o que perderam.

Nosso desafio é restaurar a morada dos girinos e devolver, aos nossos filhos, um mundo de beleza e deslumbre. ❞

Ellen DeGeneres
"Eu sei quem sou"

Universidade de Tulane, Nova Orleans
Maio de 2009

Ellen DeGeneres é uma das poucas pessoas conhecidas apenas pelo primeiro nome. Todo mundo conhece Ellen, mas nem todo mundo conhece sua história.

Seu acolhedor e divertido *talk show* é indispensável na programação das emissoras americanas – amigável, peculiar, positivo –, e fãs de todo o mundo assistem aos seus vídeos on-line. Meus filhos cresceram rindo de clipes de seus programas. Ellen irradia simpatia, e adoro que ela termine cada um de seus programas diários com a frase "sejam gentis uns com os outros".

Portanto, é fácil esquecer o quão difícil foi a jornada de Ellen. Como a incrível carreira de sucesso que ela construiu como comediante e atriz, na década de 1990, foi arrancada dela quando se assumiu lésbica. Como ela lidou com a morte de uma namorada quando era jovem e com o abuso que sofreu quando criança. Como ainda encontrou um caminho para ir de um lugar difícil até o acolhimento, a diversão e a positividade que seus programas transmitem.

Este discurso para a turma de formandos de 2009 da Universidade de Tulane, em Nova Orleans, conta um pouco dessa história – de chegar ao fundo do poço e, em seguida, encontrar um caminho de volta.

É um discurso divertido e fabuloso. É lido como um fluxo de consciência. Isso quebra as regras. Quase todas as frases começam com "E". Piadas e despreocupação estão presentes em toda parte, às vezes surgindo como pensamentos aparentemente perdidos, em momentos aparentemente inadequados. Ela torna o sentimento mais poderoso, mas menos doloroso, temperando-o com sorrisos.

No centro do discurso está a descrição de como é conviver com o segredo de ser gay e de ter medo das consequências de se assumir. Os medos de Ellen não eram infundados. Depois de ter se assumido na tevê e na capa da revista *Time*, em 1997 – com o título "Aham, eu sou gay" –, seu seriado foi cancelado pela emissora e ela teve dificuldade, por vários anos, para encontrar trabalho.

Por se assumir e se manifestar, Ellen pagou um preço pessoal considerável. Porém, ao fazer isso, ela deu esperança e confiança a milhares de pessoas LGBTQIAPN+ que enfrentavam pressão, medo ou discriminação. E o fato de que ela lutou e ressuscitou, dessa vez para se tornar um tesouro nacional, fez dela uma poderosa inspiração na campanha pela igualdade LGBTQIAPN+.

Quando o presidente Obama concedeu a ela a Medalha Presidencial da Liberdade em 2016, ele comentou "o quão corajosa Ellen foi ao se assumir no mais público dos palcos".

Há um significado emocional adicional ao discurso pelo fato de que foi proferido em Tulane. Ellen cresceu em Nova Orleans. Quando fez o discurso de formatura, a cidade ainda se recuperava e reconstruía a confiança após a devastação e o trauma do furacão Katrina, alguns anos antes. Sua mensagem calorosa para os alunos, para a cidade e para ela mesma foi: "Vai ficar tudo bem".

❝ Estou aqui porque amo Nova Orleans. Eu nasci e cresci aqui, passei meus anos de formação aqui e, como vocês, enquanto morava aqui, só lavei roupa seis vezes. Quando terminei a escola, estava completamente perdida – e por escola, quero dizer o Ensino Médio, mas fui em frente e terminei o Ensino Médio, de qualquer maneira. E, realmente, eu não tinha ambição. Eu não sabia o que queria fazer. Fiz de tudo: descasquei ostras, fui recepcionista, fui bartender, fui garçonete, pintei casas, vendi aspiradores de pó. Eu não tinha ideia, e pensava que finalmente conseguiria sossegar em um emprego e ganharia dinheiro suficiente para pagar meu aluguel, talvez ter o plano básico da tevê a cabo, ou talvez não, eu realmente não tinha um plano.

O que quero dizer é que, quando eu tinha a idade de vocês, achava que realmente sabia quem eu era, mas não tinha ideia. Por exemplo, quando tinha a idade de vocês, eu namorava homens. Então, o que estou dizendo é que, quando vocês forem mais velhos, a maioria de vocês será gay. Alguém está anotando essas coisas? Pais?

Enfim, eu não tinha ideia do que queria fazer da minha vida, e acabei nesse caminho por causa de um acontecimento muito trágico. Eu tinha, talvez, dezenove anos, e minha namorada na época morreu em um acidente de carro. E eu passei pelo acidente, e não sabia que era ela. Segui em frente e descobri, logo depois, que era ela.

E eu estava morando em um apartamento no subsolo. Eu não tinha dinheiro. Não tinha aquecimento, não tinha ar, tinha um colchão no chão e o apartamento estava infestado de pulgas. E eu me perguntava, pensava, por que ela se foi de repente e há pulgas aqui? Eu não entendo, deve haver um propósito. Não seria conveniente se pudéssemos pegar o telefone e ligar para Deus e fazer essas perguntas?

E eu comecei a escrever, e o que saiu de mim foi uma conversa imaginária com Deus, que era unilateral, e eu terminei de escrever e olhei para aquilo e disse a mim mesma – e eu nem estava fazendo *stand-up*, nunca, não havia nenhum clube na cidade – eu disse: 'Vou fazer isso no *Tonight Show* com Johnny Carson' (na época ele era o rei) 'e eu vou ser a primeira mulher na história do show a ser convidada'. E, vários anos depois, eu fui a primeira mulher na história do show, e a única mulher na história do show, a ser convidada, por causa daquela conversa telefônica com Deus que eu escrevi.

E eu comecei esse caminho de *stand-up* e deu certo e foi ótimo, mas foi difícil porque eu estava tentando agradar a todos e guardava um segredo, o de que eu era gay. E pensei que se as pessoas descobrissem, não gostariam de mim, não ririam de mim. Então… eu ganhei minha própria série, e foi muito bem-sucedida, um outro patamar de sucesso. E eu pensei: e se eles descobrirem que eu sou gay, nunca vão assistir, e isso foi há muito tempo, isso foi quando tínhamos presidentes brancos. Mas, de qualquer maneira, isso foi há muitos anos.

E eu finalmente decidi que vivia com tanta vergonha, e tanto medo, que simplesmente não conseguia mais viver assim. Decidi me assumir, e fazer isso de um jeito criativo. E meu personagem sairia do armário ao mesmo tempo, e não era para fazer uma declaração política, não era para fazer outra coisa senão me libertar desse peso que carregava.

Eu só queria ser honesta. E eu pensei: 'Qual é a pior coisa que pode acontecer? Posso perder minha carreira'. Eu perdi. Perdi minha carreira. O seriado foi cancelado, depois de seis anos, sem que eu sequer fosse comunicada. Eu soube pelo jornal. O telefone não tocou por três anos. Eu não tive ofertas. Ninguém queria tocar em mim.

No entanto, eu recebia cartas de jovens que quase se suicidaram, mas não o fizeram por causa do que eu fiz. E percebi que tinha um propósito. E não era apenas sobre mim, e não era sobre a fama, mas eu senti que estava sendo punida e era um momento ruim, eu estava com raiva, eu estava triste, e então me ofereceram um *talk show*. E as pessoas que me ofereceram o *talk show* tentaram vendê-lo. E a maioria das emissoras não queria comprar a ideia. A maioria das pessoas não queria comprar porque achava que ninguém iria me assistir.

Sério, quando eu olho para trás, eu não mudaria nada. Quer dizer, foi muito importante para mim perder tudo, porque descobri o que é o mais importante: ser verdadeiro consigo mesmo. Em última análise, foi isso que me trouxe a este lugar. Eu não vivo com medo, estou livre. Não tenho segredos e sei que sempre estarei bem, porque não importa o que aconteça, eu sei quem eu sou.

Então, para concluir, quando eu era mais jovem, achava que sucesso era algo diferente. Eu pensava, 'quando eu crescer, quero ser famosa. Eu quero ser uma estrela. Eu quero estar no cinema. Quando eu crescer, quero ver o mundo, dirigir bons carros, quero ter *groupies*', para citar as Pussycat Dolls*. A propósito, quantas pessoas pensaram que eram '*boobies*'? Não, são '*groupies*'.

Mas minha ideia de sucesso hoje é diferente. E conforme você cresce, você percebe a mudança na definição de sucesso. Para muitos de vocês, hoje, sucesso é ser capaz de beber vinte doses de tequila. Para mim, o mais importante na vida é viver com integridade e não ceder à pressão dos colegas para tentar ser algo que você não é, viver sua vida como uma pessoa honesta e compassiva, para contribuir de alguma maneira. Portanto, para concluir, siga sua paixão, seja verdadeiro consigo mesmo. Nunca siga o caminho de outra pessoa, a menos que você esteja na floresta e esteja perdido e veja um caminho, e aí sim, por favor, você deve segui-lo.

Não dê conselhos, ou eles voltarão para morder a sua bunda. Não siga o conselho de ninguém. Portanto, meu conselho a você é: seja verdadeiro consigo

---

* Menção à música "When I grow up", de The Pussycat Dolls: "*When I grow up/ I wanna see the world/ Drive nice cars/ I wanna have groupies*".

mesmo e tudo ficará bem. E eu sei que muitos de vocês estão preocupados com o futuro, mas não há necessidade de se preocupar. A economia está crescendo, o mercado de trabalho está aberto, o planeta está bem. Vai ser ótimo.

Vocês já sobreviveram a um furacão. O que mais pode acontecer com vocês? E como mencionei antes, algumas das coisas mais devastadoras que acontecem com a gente são as que mais nos ensinam. E agora vocês sabem as perguntas certas a fazer em sua primeira entrevista de emprego. Como 'é acima do nível do mar?'.

Então, para concluir a minha conclusão que já concluí anteriormente... Acho que o que estou tentando dizer é que a vida é como um grande Mardi Gras*. Só que, em vez de mostrar seus seios, mostre às pessoas seu cérebro, e se elas gostarem do que veem, você terá mais contas do que imaginava e estará bêbado, na maioria das vezes.

Então, para a turma do Katrina de 2009, eu digo parabéns, e se vocês não se lembrarem de nada do que eu disse hoje, lembrem-se disso: 'vai ficar tudo bem, dum dum dum dum dum, simplesmente dancem'**. 🙰

---

* Festa carnavalesca que ocorre todo ano em Nova Orleans.
** *"Just dance/ Gonna be okay/ just dance"*. Menção à música de Lady Gaga, "Just Dance".

Angela Merkel
"De repente uma porta se abriu"

Congresso dos Estados Unidos, Washington
Novembro de 2009

"Derrube as paredes da ignorância e da mente fechada, pois nada precisa ficar como está." Essas foram as palavras da chanceler alemã Angela Merkel, não neste discurso de 2009, proferido no Congresso dos Estados Unidos, mas em uma formatura na Universidade de Harvard, dez anos depois, em 2019.

Após proferir a maior parte do discurso de Harvard em alemão, com o auxílio de um tradutor, Merkel mudou repentinamente e pronunciou essas palavras em inglês. Em uma frase simples, ela invocou o muro que Donald Trump queria construir, o muro que a Alemanha derrubou, e desafiou os muros do preconceito em nossa mente. Ela deliberadamente repetiu o famoso discurso de 1987 em que Ronald Reagan, ex-presidente dos Estados Unidos, disse: "Sr. Gorbachev, derrube este muro".

O discurso de Merkel em Harvard foi amplamente interpretado como uma rejeição deliberada e determinada aos valores e à visão de mundo do então presidente Donald Trump, mas Merkel não estava apenas reagindo a ele. Muitos dos pensamentos, imagens e metáforas no discurso de Harvard em 2019 foram expressos dez anos antes, nesse discurso proferido no Congresso dos Estados Unidos, em 2009, muito antes de Trump ser eleito.

Na celebração de 20 anos da queda do Muro de Berlim, Merkel disse:

> "Estamos, portanto, diante da tarefa de derrubar os muros entre os diferentes conceitos de vida... os muros na mente das pessoas, que tornam cada vez mais difícil compreenderem umas às outras".

Ambos os discursos revelam muito sobre os valores e a visão que impulsionaram a primeira chanceler da Alemanha, a primeira da Alemanha Oriental, a que serviu por mais tempo, a mais antiga líder nacional da Europa e uma das mulheres mais poderosas do mundo na última década. Ambos os discursos descrevem sua frustração por crescer atrás do muro que dividiu um continente e a libertação pessoal e política que sentiu após a queda dele. O discurso posterior é mais fluente, mais poético, mas escolhi o anterior porque ele parece mais importante e mais profético.

O discurso de 2009 explica algumas das decisões mais importantes que Merkel tomaria mais tarde. Ela fala sobre três coisas: "muros em nossa mente, muros de egoísmo míope, muros entre o presente e o futuro". Com isso, ela quer dizer preconceito, protecionismo e fracasso no combate às mudanças climáticas.

Essa hostilidade aos muros que oprimem ou retêm as pessoas, mais tarde, levaria Merkel a oferecer refúgio alemão a centenas de milhares de sírios no auge da crise da Síria – embora isso tenha criado uma reação política que ela precisou enfrentar depois.

Essa rejeição aos muros e às barreiras econômicas entre as nações explica, ainda, o compromisso dela com o projeto europeu e com a globalização econômica. Mas também pode ser parte do que impediu Merkel e outros governos europeus de fazer o suficiente – especialmente em relação à Grécia e à Itália, durante a crise da zona do euro – para ajudar aqueles que estão na etapa final do processo de globalização.

Essa rejeição aos muros entre gerações faria dela, em 2015, uma forte defensora de ações para salvaguardar nosso planeta para o futuro, por meio do Acordo Internacional de Paris sobre Mudanças Climáticas.

Na década entre o discurso do Congresso e o de Harvard, infelizmente, parece que muitos dos muros de Merkel ficaram ainda mais altos. O extremismo de direita e os crimes de ódio aumentaram na Europa e nos Estados Unidos, as barreiras comerciais estão se acirrando, as divisões políticas estão se aprofundando e o Acordo de Paris está ameaçado.

Mas talvez a coisa mais poderosa nos dois discursos seja a fé de Merkel na mudança. Seu otimismo constante. Não importa quão sombrios os muros sejam, ela ainda acredita que podemos encontrar uma porta. Como disse em 2009:

> "Estou convencida de que, assim como no século XX encontramos forças para derrubar um muro de arame farpado e concreto, hoje temos forças para superar os muros do século XXI [...]".

Ou como ela disse em 2019:

> "Se derrubarmos os muros que nos cercam, se sairmos para o campo aberto e tivermos coragem de abraçar novos começos, tudo será possível".

❝ Ainda faltam alguns dias para 9 de novembro. Foi em 9 de novembro de 1989 que o Muro de Berlim veio abaixo. Foi também em 9 de novembro de 1938 que uma marca indelével foi gravada na memória da Alemanha e na história da Europa.

Naquele dia, os nacional-socialistas destruíram sinagogas, incendiando-as, e assassinaram inúmeras pessoas. Foi o início do que nos levou ao rompimento com a civilização, o Shoá*. Não posso ficar diante de vocês hoje sem me lembrar das vítimas daquele dia e do Shoá. [...]

É maravilhoso que a história quisesse que nós dois – o menino de doze anos que foi expulso da Alemanha [Professor Fritz Stern] e eu, a chanceler de uma Alemanha reunificada, nascida na Alemanha Oriental – estivéssemos aqui, nesta distinta casa. Isso me enche de alegria e de profunda gratidão.

Nem mesmo em meus sonhos mais loucos eu poderia imaginar, vinte anos atrás, antes da queda do muro, que isso aconteceria. Na época, estava além da imaginação até mesmo pensar em viajar para os Estados Unidos da América, quanto mais estar hoje aqui.

A terra das oportunidades ilimitadas – por muito tempo, inacessível para mim. O muro, o arame farpado e a ordem de atirar em quem tentasse fugir limitaram meu acesso ao mundo livre. Por isso, tive de criar minha própria imagem dos Estados Unidos a partir de filmes e livros, alguns dos quais foram contrabandeados do Ocidente por parentes. O que vi e li? O que me deixou apaixonada?

---

* O Holocausto. [N. T.]

Eu me apaixonei pelo sonho americano – a oportunidade igualitária de sucesso, de vencer na vida por meio de seu próprio esforço. Eu, como muitos outros adolescentes, era apaixonada por uma certa marca de jeans que não estava disponível na Alemanha Oriental e que minha tia, que estava na Alemanha Ocidental, costumava me enviar. [...]

Em 9 de novembro de 1989, o Muro de Berlim caiu. A fronteira que por décadas dividiu uma nação em dois mundos agora estava aberta. E é por isso que, para mim, hoje é, acima de tudo, um momento de gratidão. [...]

Eu e todos os alemães sabemos o quanto devemos a vocês, nossos amigos americanos. [...] Por toda a Europa, a busca em comum pela liberdade deu origem a uma força incrível: na Polônia, o sindicato Solidarnoś; na Tchecoslováquia, entre os reformadores que cercavam Václav Havel; na Hungria, a primeira abertura da Cortina de Ferro; e nas manifestações que ocorriam todas as segundas-feiras, na Alemanha Oriental.

Onde antes havia apenas um muro sombrio, de repente uma porta se abriu e todos nós passamos por ela: para as ruas, para as igrejas, para além das fronteiras. Todos tiveram a chance de construir algo novo, fazer a diferença, arriscar um novo começo.

Eu também comecei de novo. Deixei meu trabalho como física na Academia de Ciências de Berlim Oriental e fui para a política. Porque finalmente tive a chance de fazer a diferença. Porque tive a impressão de que agora era possível mudar as coisas. Era possível, para mim, fazer algo.

Vinte anos se passaram desde que recebemos este incrível presente de liberdade. Mas ainda não há nada que me inspire mais, nada que me estimule mais, nada que me encha mais de sentimentos positivos do que o poder da liberdade.

Uma pessoa que experimentou uma surpresa tão positiva na vida acredita que tudo é possível. Ou, para colocar nas palavras de Bill Clinton, em Berlim, em 1994: 'Nada nos deterá. Tudo é possível'. [...]

Tudo é possível também no século XXI, na era da globalização. Na Alemanha, sabemos tão bem quanto vocês, na América, que muitas pessoas têm medo da globalização.

Não descartamos essas preocupações. Reconhecemos as dificuldades. No entanto, é nosso dever convencer as pessoas de que a globalização é uma imensa oportunidade mundial, para todos e cada um dos continentes, porque nos obriga a agir em conjunto.

A alternativa à globalização seria nos isolarmos, mas essa não é uma opção viável. Isso levaria apenas ao isolamento e, portanto, à miséria. [...]

Senhoras e senhores, é verdade que a América e a Europa tiveram sua parcela de divergências. Uma pode sentir que a outra às vezes é muito hesitante e temerosa ou, da perspectiva oposta, muito obstinada e agressiva. E, no entanto, estou profundamente convencida de que não há melhor parceira para a Europa do que a América e não há melhor parceira para a América do que a Europa.

Porque o que une europeus e americanos e os mantém juntos não é apenas uma história compartilhada. O que une e mantém europeus e americanos juntos não são apenas interesses comuns e os desafios globais que todas as regiões do mundo enfrentam. Só isso não seria o suficiente para explicar e fazer durar essa parceria muito especial entre a Europa e a América.

É mais do que isso. Aquilo que aproxima europeus e americanos e os mantém próximos são os valores compartilhados. É uma ideia em comum do indivíduo e de sua dignidade inviolável. É um entendimento em comum de liberdade e responsabilidade. É isso que defendemos na parceria transatlântica única e na comunidade de valores compartilhados que é a Otan. [...]

Essa base de valores foi o que pôs fim à Guerra Fria, e é essa base de valores que nos permitirá resistir aos testes de nossos tempos – e devemos suportar esses testes.

A Alemanha está unida; a Europa está unida. Isso é o que conquistamos. Agora, hoje, nossa geração política deve provar que é capaz de enfrentar os desafios do século XXI e que, de certo modo, é capaz de derrubar os muros de hoje.

O que isso significa? Primeiro, significa construir paz e segurança. Segundo, conquistar prosperidade e justiça. Terceiro, proteger nosso planeta. [...]

Mesmo depois do fim da Guerra Fria, estamos, portanto, diante da tarefa de derrubar os muros entre os diferentes conceitos de vida... os muros na mente das pessoas, que tornam cada vez mais difícil compreender umas às outras.

É por isso que a capacidade de mostrar tolerância é tão importante. [...] Existem diferentes maneiras de criar uma coexistência pacífica. Tolerância significa mostrar respeito à história, às tradições, à religião e à identidade cultural de outras pessoas.

Mas que não haja mal-entendidos: tolerância não significa 'vale-tudo'. Não deve haver nenhuma tolerância com todos aqueles que não respeitam os direitos inalienáveis do indivíduo e que violam os direitos humanos. [...]

A liberdade é a própria essência de nossa economia e sociedade. Sem liberdade, a mente humana é impedida de extravasar sua força criativa. Mas o que também está claro é que essa liberdade não existe sozinha. É uma liberdade responsável, e uma liberdade de exercer a responsabilidade. Por isso o mundo precisa de ordem. O quase colapso dos mercados financeiros internacionais mostrou o que acontece quando não existe tal ordem.

Se há uma lição que o mundo aprendeu com a crise financeira do ano passado é que não há alternativa à estrutura global para uma economia globalizada. [...]

De certa forma, este é um segundo muro que tem que cair: um muro que impede uma ordem econômica verdadeiramente global, um muro do pensamento regional e exclusivamente nacional. [...]

Esta crise foi, também, a expressão do excesso de pensamento a curto prazo. Milhões de pessoas em todo o mundo podem perder seu emprego ou até mesmo passar pela pobreza e pela fome por causa disso. Para alcançar a prosperidade e a justiça, devemos fazer tudo o que estiver ao nosso alcance para impedir tal crise no futuro. [...]

O fato de que os desafios globais só podem ser enfrentados com uma cooperação internacional abrangente também é demonstrado por um terceiro grande desafio do século XXI. Por um muro, por assim dizer, que separa o presente do futuro. Esse muro nos impede de enxergar as necessidades das gerações futuras, impede-nos de tomar as medidas urgentemente necessárias para proteger a base da nossa própria vida e do clima.

Já podemos ver para onde nos leva essa atitude de desperdício em relação ao nosso futuro: no Ártico, as calotas polares estão derretendo; na África, as pessoas estão se tornando refugiadas devido aos danos ambientais; e o nível do mar global está subindo. [...]

Estou convencida de que, assim como no século XX encontramos forças para derrubar um muro de arame farpado e concreto, hoje temos forças para superar os muros do século XXI, muros em nossa mente, muros de egoísmo míope, muros entre o presente e o futuro. 99

Alison Drake
"Vá até lá e ponha as mãos na massa"

Castleford
Setembro de 2010

Passei muito tempo tentando encontrar uma gravação ou uma transcrição de um dos muitos discursos feitos por Alison Drake, uma brilhante ativista comunitária de Yorkshire e minha amiga íntima por muitos anos.

Nascida e criada em Castleford, Alison foi uma ex-professora da minha zona eleitoral. Após um acidente debilitante, ela teve que se aposentar. Passou por momentos difíceis, mas lutou, tornando-se uma defensora incansável de nossa comunidade. Ela tinha um orgulho incrível de nossa cidade e de sua história – das raízes romanas à indústria do carvão e de Henry Moore. Mas também sabia que o orgulho da comunidade era crucial para construir confiança no futuro. Ela queria que os filhos de Castleford se orgulhassem de suas origens e tivessem confiança para fazer coisas incríveis.

Assim como ela, os discursos de Alison eram geniais. Ela falava por milhões de mulheres que dizem o que pensam, que lutam por suas comunidades e cujas palavras nunca são escritas ou ouvidas fora de suas cidades. No final da década de 1990 e no início dos anos 2000, Alison e eu costumávamos fazer discursos juntas em eventos comunitários. Estávamos tentando obter novos investimentos para Castleford após anos de declínio, desde o fechamento das minas, e conseguimos incluir várias de nossas cidades locais em um programa de recuperação financiado pelo governo. Estávamos determinadas a fazer com que o programa fosse liderado pela comunidade, então o líder do conselho local e eu presidimos uma série de reuniões públicas às quais centenas de pessoas compareceram, apresentando ideias e oferecendo-se para se envolver.

Quando Alison falava, ela conseguia definir todo o clima e a direção de uma reunião. Ela falava sobre as dificuldades que as pessoas enfrentavam, a indústria e os empregos que perdemos. Mas ela também contava uma história da qual se orgulhar, geralmente enraizada em alguma parte maravilhosa da história de Castleford, suas comunidades de classe trabalhadora ou um canto peculiar de nossa cidade. Todos nós aprendemos cedo a não resistir a um pedido de Alison, porque ela acabaria conseguindo o que queria. Mas ela fazia tudo de forma persuasiva e sedutora – ao mesmo tempo encantando arquitetos internacionais e encorajando amigos e vizinhos a trabalharem juntos pelos interesses de nossa cidade.

Com o estímulo de Alison, a cidade redescobriu a conexão histórica com seus canais, voltando para o rio novamente e, graças à sua persistência, agora temos uma nova ponte curva internacionalmente conhecida sobre o rio Aire.

O Castleford Heritage Group, fundado por ela (e do qual me tornei presidente), assumiu o antigo moinho de farinha à margem do rio. Construtores, operários, engenheiros, carpinteiros e gerentes aposentados de toda a área foram mobilizados para ajudar a recuperá-lo pouco a pouco. Agora temos um café, um espaço para exposições, uma cervejaria artesanal de Yorkshire e uma marina – todos administrados por habitantes locais.

Não consegui encontrar um dos primeiros discursos mais estimulantes de Alison, já que nenhum de nós os gravou ou escreveu. Mas isso não significa que foram perdidos ou esquecidos – essas palavras começaram algo importante para nossa comunidade. Para refletir isso, consegui encontrar uma gravação de Alison falando, muitos anos depois, sobre o trabalho que todos nós realizamos – e foi isso que incluí aqui. Alison morreu enquanto eu estava organizando esta antologia. Em Castleford, ainda sentimos a falta dela. Mas ela nos deixou um legado incrível, e quero que sua voz também seja lembrada.

❝ Estou orgulhosa do que conquistamos em Castleford nos últimos dez anos.

Quando começamos, a cidade vinha, fazia 15 anos, tentando se recuperar da greve dos mineiros, da perda de todas as nossas indústrias de mineração e das indústrias locais que foram importantes no passado: a química, a vidraria e a olaria, fabricação de tijolos e confeitaria, roupas. Mas a maioria delas já era, agora. Tentar se recuperar de todas aquelas perdas foi horrível e, com o novo milênio, queríamos algo melhor.

Os cidadãos se encontravam em grandes reuniões, a que 400 pessoas compareciam para dar sua opinião. Queríamos algo melhor e realmente trabalhamos para isso. Somos uma comunidade muito unida. Pode haver quarenta mil pessoas nesta cidade, mas todo mundo conhece todo mundo. Pusemos avisos por toda a cidade e na imprensa local conclamando a se juntar a nós quem quisesse opinar sobre o futuro de Castleford e trabalhar por algo melhor para nossa cidade. E essas pessoas nos procuraram.

Grupos diferentes foram formados. Todos os tipos diferentes de grupos: comunitários, residenciais, amigos do parque, da biblioteca, a Heritage Trust. Todos se formaram na virada do milênio, porque sentíamos que algo estava acontecendo nacionalmente com o novo governo e por causa do espírito da nova era.

Com a ajuda do conselho, elaboramos uma estratégia com projetos que pudessem melhorar a imagem do centro da cidade e do ambiente local ao seu redor. [...] A população local conhece melhor as nossas cidades. Temos três fantásticos conselheiros do centro da cidade ao nosso lado, porque são habitantes. E essa luta não foi difícil, exceto quando se travava em âmbito distrital, porque é claro que Castleford não estava em seu radar, em termos de recuperação.

Elaboramos uma estratégia. Realizá-la não seria rápido nem fácil. O que fez a diferença para nós, entre ter sucesso e ter que esperar 25 anos, foi a Yorkshire Forward, a Agência de Desenvolvimento Regional, os conselheiros locais ativos e nossa MP Yvette Cooper, que estava no Gabinete naquela época – e a população local estimulando tudo isso, fazendo Wakefield [Conselho] tomar conhecimento da situação.

O que temos que fazer é mantê-lo, motivando novas pessoas a se envolverem, porque muitos jovens não se envolveram nos últimos dez anos e não conseguem se lembrar da herança de que estamos falando – que valorizamos todas as minas e locais de escavação. Já se passou muito tempo. Queremos que se sintam parte do que estamos fazendo agora, para que sejam donos do presente, mas também do passado, e compreendam suas raízes e de onde vêm as pessoas mais velhas, como eu.

Então, vá até lá e ponha as mãos na massa. **"**

Joanne O'Riordan
"Sem membros, sem limites"

Conferência Garotas na Tecnologia, Nova York
Abril de 2012

Joanne O'Riordan tinha apenas 16 anos quando fez esse discurso na conferência sobre garotas na tecnologia promovida pelo Sindicato Internacional de Telecomunicações. Ela tem uma condição extremamente rara conhecida como tetra-amelia, o que significa que ela não tem membros. Este discurso é um relato incrível de como ela nunca permitiu que isso a detivesse.

O'Riordan é jornalista esportiva do *Irish Times*; além disso, formou-se em Criminologia e faz campanha pelos direitos das pessoas com deficiência física há muito tempo. Em uma palestra TEDx em Cork, na Irlanda, no mesmo ano desta conferência, ela descreveu como a combinação de tecnologia e determinação afetou a vida dela: "[...] me permitiu levar uma vida que surpreendeu as pessoas de forma inimaginável... Eu faço coisas na minha vida que qualquer outro capaz pode fazer com seus membros".

Teoricamente, este discurso em Nova York é sobre tecnologia. Ela descreve algumas das coisas práticas que a ajudaram e a independência que isso lhe deu. É um relato empolgante do potencial da robótica, da computação e das novas áreas de pesquisa para capacitar a todos, para lidar com a deficiência e tornar possíveis coisas novas e incríveis.

Na prática, o discurso é sobre a humanidade indomável. Em seu cerne estão a própria determinação e criatividade de O'Riordan – sua recusa em ser detida, o apoio de sua família e seu entusiasmo por tentar coisas novas, resolver novos problemas e superar desafios impossíveis. Seu otimismo é contagiante, e ela o usa para encorajar os outros a serem determinados e criativos também.

O discurso tem uma estrutura e uma mensagem claras, contando sua história pessoal, defendendo a tecnologia e incentivando as meninas a construir robôs. Porém, sua verdadeira mensagem é a inspiração para que todos desafiem e superem seus próprios limites, construindo uma grande linha final:

> "Só porque não tenho membros não significa que serei detida. E você também não deveria ser!".

❝ Boa tarde a todos! Meu nome é Joanne O'Riordan e, em primeiro lugar, gostaria de agradecer às Nações Unidas e ao pessoal do Sindicato Internacional das Telecomunicações por essa oportunidade incrível e única de falar aqui, diante de vocês, hoje. Ser convidada a visitar Nova York na semana do meu décimo sexto aniversário é simplesmente inacreditável.

Como vocês pode ver, eu nasci sem meus membros. Mas meu lema na vida é 'Sem membros, sem limites'.

A deficiência que tenho é conhecida como tetra--amelia, e é uma das doenças mais raras que conhecemos. Acredito que existam apenas sete pessoas no mundo vivendo com essa forma física e, além disso, não há nenhuma explicação médica para eu ter nascido assim.

No entanto, minha família e eu nunca permitimos que isso me impedisse. Desde muito cedo, sempre contei com o uso da tecnologia para ajudar a aprimorar minhas habilidades. Seja me movendo, seja me comunicando, desenvolvi uma compreensão do que eu poderia alcançar com a tecnologia desde muito jovem.

Eu uso a tecnologia em todos os aspectos da minha vida, seja em casa, na escola, seja pelo meio mais amplo de interação com outras pessoas. Meus pais me disseram que eu tinha apenas um ano quando comecei a explorar o uso da tecnologia, em nosso antigo computador. Eu descobri como usar este programa simplesmente movendo minha 'mão' e queixo em uma velocidade mais rápida. Hoje posso digitar 36 palavras por minuto e, para alguém sem membros, acho que é uma conquista incrível por si só.

O computador me permitiu jogar e seguir certos jogos, o que por sua vez me ajudou a aprender o abecedário, matemática e pequenas palavras como 'gato' e 'cachorro'. Não é preciso dizer que sou uma pessoa extremamente independente, mas na época em que nasci a tecnologia não era tão avançada quanto a que temos agora.

Durante toda a minha jovem vida lutei e superei barreiras. Eu surpreendi médicos, estranhos, amigos e até mesmo minha própria família com o que consegui. Devo admitir que estou sempre encontrando novas maneiras ou métodos que me permitam ser igual a qualquer outra pessoa. Não existe 'normal' no meu vocabulário.

Quando comecei a escola, como todas as outras crianças, usava minha mão para escrever. Fiz isso colocando a caneta entre o ombro e o queixo e, como vocês podem imaginar, foi um enorme desafio para mim, mas superei o obstáculo.

Sempre estive quebrando barreiras e vencendo obstáculos. Não olho para a palavra 'Impossível' e a leio como 'Impossível'. Eu olho para essa palavra em minha vida e digo: 'Eu sou possível'*!

A tecnologia me deixou ainda mais determinada a alcançar uma qualidade de vida melhor. Eu sempre penso, se eu puder fazer isso agora, o que alcançarei no futuro? A tecnologia, como sabemos, está sempre avançando, e minha pergunta logo foi respondida quando, aos sete anos, comecei a desenvolver um quadro na coluna conhecido como escoliose, uma curvatura da coluna vertebral. Infelizmente, isso significava que eu não era capaz de continuar a escrever como antes e precisava encontrar uma nova forma de aprender e desenvolver meu potencial educacional.

Tenho muita sorte em contar com o apoio da minha família, pois eles nunca permitiram que alguém me impedisse. Eles têm feito tudo ao seu alcance para garantir que eu não perca minha educação, e a tecnologia foi fundamental para me ajudar.

Foi configurado um sistema que permite que meus livros escolares sejam colocados em um CD. Isso, por sua vez, me permite fazer todo o meu trabalho por meio de um computador. [...] Posso usar meu celular, enviar textos, tuítes, atualizar meu

---

* Trocadilho que não se pode reproduzir em português entre a palavra *impossible* (impossível) e a sentença *i'm possible* (eu sou possível). [N. T.]

Facebook, jogar meu PlayStation, Nintendo DS, iPad, iPod e laptop; sem a Microsoft, a Adobe e a Apple na minha vida, eu não estaria realizando e alcançando todo o meu potencial. Na verdade, acho que minha vida seria bem diferente do que é agora. Acredite ou não, eu simplesmente uso meus lábios, queixo, nariz e mão para operar a maioria desses sistemas, se não todos.

A tecnologia abriu um mundo de possibilidades, por meio das quais me destaquei tanto na educação quanto no ambiente social ao meu redor. É justo dizer que tive a oportunidade de crescer, aprender e adaptar meu estilo de vida a uma forma que me ajude, mas também sei que existem crianças e adultos em todo o mundo que não têm as mesmas chances que eu.

Estou pedindo às garotas na área de tecnologia que estão aqui hoje, líderes em seu campo, que comecem a fazer o que eu faço na minha vida: 'Pensem fora da caixa'.

Pensem em maneiras e meios pelos quais vocês podem tornar a tecnologia mais acessível àqueles que realmente precisam dela, porque, vamos admitir, todos sabemos que as mulheres são melhores do que os homens na maioria das coisas, então por que não na tecnologia também?

É meu desejo e é meu desafio para vocês e para outras pessoas construir um robô para mim. Sim, isso mesmo, um robô! Parece quase insano, mas desde criança e até hoje, eu sempre quis e adoraria ter um robô. [...]

Chamem de loucura, chamem de insanidade, chamem do que quiser – mas os desafios que enfrento todos os dias ficam maiores e mais difíceis de superar. Sei que posso superar esses desafios, mas preciso da sua ajuda. Eu não posso contar com meus pais, meus irmãos, irmã e outros durante toda a minha vida. Eu posso? Certamente não, e eu não quero!

Quero viver uma vida independente, assim como vocês. Não quero viver na sombra dos outros, porque quero percorrer minha própria jornada na vida e sei que, se tiver essa chance, posso e terei sucesso. Sei que deve haver alguém no mundo que pode fazer algo assim para tornar a vida muito mais fácil. Não ajudaria apenas a mim, mas também a outras pessoas que estão em situações semelhantes.

O que define a vida é como você a vive, e falemos a verdade, senhoras, a tecnologia não é apenas um modo de vida, é um modo de viver! E só porque não tenho membros não significa que serei detida. E vocês também não deveriam ser! 🙰

Julia Gillard
"Ele precisa de um espelho"

Parlamento australiano, Camberra
Outubro de 2012

Cinco meses antes de a primeira-ministra australiana Julia Gillard fazer este discurso no Parlamento de seu país, eu a conheci brevemente em uma visita a Camberra.

Eu tinha ficado sinceramente pasma com a misoginia que ela enfrentava como primeira-ministra. Isso não estava vindo das margens, mas do *mainstream* – liderado pelo líder da oposição, Tony Abbott.

Em 2010, ela foi a primeira mulher a ser eleita para o cargo de primeiro-ministro da Austrália. A política estava estagnada, com um Parlamento travado, um imposto polêmico sobre o carbono e rixas dentro do Partido Trabalhista. No entanto, a campanha contra o governo de Gillard tornou-se altamente carregada, extremamente personalizada e repleta de sexismo – muitas vezes, ela era atacada por ser solteira e não ter filhos.

Abbott estava entre os ativistas na linha de frente, com cartazes que diziam "Livrem-se da bruxa" e "Julia... a cadelinha de Bob Brown". Em outra ocasião, o cardápio de um jantar para arrecadação de fundos da oposição incluiu "Codorna à Julia Gillard" – "pouco peito, coxas enormes e uma grande caixa vermelha".[17]

Isso aconteceu alguns anos antes do crescimento da misoginia contra Hillary Clinton nos Estados Unidos ou da explosão dos guerreiros sexistas do teclado e da escalada do abuso contra as mulheres na vida pública no Reino Unido. Mas e-mails virais e grupos emergentes no Facebook encorajando abusos sexualizados e violentos contra Gillard começaram a se espalhar.

Então, em outubro de 2012, Abbott abriu um debate no Parlamento atacando Gillard por não ter demitido Peter Slipper, o porta-voz do Partido Trabalhista e membro por Fisher, por causa de textos cruéis e sexistas que ele enviara. A resposta de Gillard, neste discurso, é nada menos que uma explosão controlada. Vale a pena assistir e ler. As palavras na página são claras, mas não são nada comparadas a ver Gillard aniquilar Abbott – mal olhando para as anotações dela, arrasando com ele, mostrando, exemplo após exemplo, o seu sexismo.

A fúria dela é mais poderosa por ser controlada. Seu argumento é mais forte por ser forense. Ela tinha uma lista longa e detalhada de acusações a apresentar. Era visível que Abbott – forçado a ouvir – ficava cada vez mais desconfortável. Nas semanas seguintes, o discurso de Gillard acumulou milhões de visualizações on-line. Em Westminster, eu assisti a tudo torcendo. Ela falou por milhões de mulheres que estão cansadas de tolerar o sexismo insidioso e padrões duplos*. Após oito meses vivendo a turbulenta política australiana, incluindo consideráveis lutas internas do Partido Trabalhista, Gillard renunciou. Em seu discurso final como primeira-ministra, referindo-se ao sexismo que enfrentou, ela disse:

> "Isso não explica tudo, não explica nada, explica algumas coisas. [...] Será mais fácil para a próxima mulher, e para a mulher seguinte, e para a mulher que vier depois. Eu me orgulho disso".[18]

❝ Muito obrigada, vice-presidente, e me levanto para contestar a moção apresentada pelo líder da oposição. E, ao fazer isso, informo ao líder da oposição que não permitirei que venha me dar lições sobre sexismo e misoginia.

---

* O padrão duplo, ou padrão duplo de julgamento, consiste em aplicar julgamentos diferentes para situações semelhantes, ou em relação a pessoas diferentes que estão na mesma situação. [N. T.]

Não permitirei. E o governo também não receberá, desse homem, lições sobre sexismo e misoginia. Nem agora, nem nunca.

O líder da oposição diz que as pessoas que têm pontos de vista sexistas e que são misóginas não são adequadas para cargos elevados. Bem, espero que o líder da oposição tenha um pedaço de papel e esteja redigindo sua renúncia.

Porque, se ele quiser saber como é a misoginia na Austrália moderna, ele não precisa de uma moção na Câmara dos Representantes. Ele precisa de um espelho. É disso que ele precisa.

Vamos examinar os repulsivos padrões duplos do líder da oposição, os padrões duplos repulsivos no tocante a misoginia e sexismo. Devemos levar a sério a indignação do líder da oposição com as mensagens de texto do senhor Slipper, quando este mesmo líder da oposição disse, e enquanto era um ministro do último governo, não um estudante, não quando estava no colégio, quando ele era um ministro do último governo. Ele disse, e cito, em uma discussão sobre as mulheres serem sub-representadas em instituições de poder na Austrália... O líder da oposição disse: 'Se for verdade, Stavros [o entrevistador], que os homens têm mais poder, em geral, do que mulheres, isso é uma coisa ruim?'.

E então uma discussão se iniciou, e outra pessoa, que participava da entrevista, disse: 'Quero que minha filha tenha as mesmas oportunidades que o meu filho'. Ao que o líder da oposição respondeu: 'Sim, concordo plenamente, mas e se os homens, por sua fisiologia ou temperamento, forem mais aptos a exercer autoridade ou dar ordens?'.

Em seguida, em outra discussão sobre o papel das mulheres na sociedade moderna, a outra pessoa que participa da discussão diz: 'Acho que é muito difícil negar que há uma sub-representação das mulheres', ao que o líder da oposição responde: 'Mas agora há uma suposição de que isso é uma coisa ruim'.

Este é o homem de quem devemos receber sermões sobre sexismo.

E então é claro que continua. Fiquei muito ofendida, pessoalmente, quando o líder da oposição, como ministro da Saúde, disse: 'O aborto é a saída mais fácil'. Fiquei pessoalmente ofendida por aqueles comentários. Você disse isso em março de 2004, sugiro que verifique os registros.

Também fiquei muito ofendida, em nome das mulheres da Austrália, quando, no decorrer da campanha de precificação do carbono, o líder da oposição disse: 'O que as donas de casa da Austrália precisam entender enquanto passam a ferro...'.

Obrigada por ilustrar o papel das mulheres na Austrália moderna.

E então, é claro, também fiquei ofendida com o sexismo, com a misoginia do líder da oposição que me ofende enquanto ocupo o cargo de primeira-ministra: 'Se a primeira-ministra quiser, politicamente falando, se tornar uma mulher honesta…'. Isso nunca seria dito a qualquer homem sentado nesta cadeira.

Fiquei ofendida quando o líder da oposição saiu do Parlamento e, diante do edifício, parou ao lado de uma placa que dizia 'Livrem-se da bruxa'.

Fiquei ofendida quando o líder da oposição parou ao lado de uma placa que me descrevia como 'a cadelinha' de um homem.

Fiquei ofendida com essas coisas.

Misoginia, sexismo, todos os dias, vindos deste líder da oposição.

Todos os dias, em todos os sentidos, ao longo do tempo, em que o líder da oposição se sentou naquela cadeira e eu nesta aqui, isso foi tudo que ouvi dele.

E agora o líder da oposição quer ser levado a sério. Aparentemente, ele acordou após esse histórico e todas essas declarações, ele acordou e se sensibilizou: 'Oh, querida, existe uma coisa chamada sexismo, oh, meus senhores, existe uma coisa chamada misoginia.

E quem é um deles? Oh, o presidente deve ser, porque isso serve o meu propósito político'.

Não se importa com nenhuma de suas declarações anteriores, não entra nesse Parlamento e pede desculpas às mulheres da Austrália. Não entra nesse Parlamento e me pede desculpas pelas coisas que saíram de sua boca. Mas tenta usar isso como um aríete contra outra pessoa.

Bem, esse tipo de hipocrisia não deve ser tolerado, razão pela qual essa moção do líder da oposição não deve ser levada a sério. [...]

O líder e o vice-líder da oposição vieram a esse lugar e falaram sobre o membro por Fisher. Bem, deixe-me lembrar à oposição e ao líder dela, particularmente, de seu histórico e associação com o membro de Fisher. [...]

Recordo ao líder da oposição, que agora vem aqui e fala sobre sua aparente incapacidade de trabalhar ou falar com o senhor Slipper. Lembro ao líder da oposição que ele compareceu ao casamento do senhor Slipper.

Ele foi até o senhor Slipper, no meio do serviço, e disse que estava enojado de estar ali? Foi essa a atitude que ele tomou? Não, ele foi ao casamento como amigo.

O líder da oposição faz questão de dar sermões aos outros sobre o que deveriam saber ou sabiam sobre o senhor Slipper. Bem, com todo o respeito, eu diria ao líder da oposição, após uma longa associação pessoal, incluindo a participação no casamento do senhor Slipper, que seria interessante saber se o líder da oposição ficou surpreso com essas mensagens de texto. Ele está certamente em posição de falar mais intimamente sobre o senhor Slipper do que eu, e muitas outras pessoas neste Parlamento, dada essa longa associação pessoal. [...]

Sobre a conduta do senhor Slipper e sobre as mensagens de texto, que são do domínio público, vi as notícias da imprensa sobre essas mensagens de texto. Estou ofendida com seu conteúdo. Fico ofendida com o conteúdo delas porque sempre fico ofendida com o sexismo. Fico ofendida com o conteúdo delas porque sempre fico ofendida com declarações que são contra as mulheres. [...]

Penso também, no que se refere à decisão deste Parlamento sobre o porta-voz, que este Parlamento deveria considerar que há um processo judicial em andamento. Que o juiz deve proferir a sua decisão e que são necessários vários meses até a conclusão das questões jurídicas em torno de Slipper, e que este Parlamento deveria aguardar essa conclusão.

Acredito que esse seja o caminho apropriado a seguir, e que as pessoas terão a oportunidade de se decidir com base no máximo de informações disponíveis.

Mas seja quando for a hora de as pessoas decidirem sobre essas questões, o que eu não defenderei, o que nunca defenderei, é o líder da oposição vindo a este lugar e promovendo um duplo padrão. [...]

Defendendo um padrão para o senhor Slipper, que não foi absolvido pelas pessoas que foram enviadas para dizer as coisas mais vis e revoltantes, como seu ex-secretário parlamentar paralelo, o senador Bernardi.

Jamais aceitarei o líder da oposição tentando impor seu duplo padrão a este Parlamento. O sexismo é inaceitável e sempre deve ser. [...] O líder da oposição diz 'faça alguma coisa'; bem, ele mesmo poderia fazer alguma coisa, se quisesse lidar com o sexismo neste Parlamento.

Ele poderia mudar seu comportamento, ele poderia se desculpar por todas as suas declarações anteriores, ele poderia se desculpar por ficar ao lado de placas que me descreviam como uma bruxa e uma cadela, terminologia que agora é contestada pela bancada da oposição. Ele mesmo poderia mudar um padrão se tentasse fazer isso. Mas não veremos nada disso do líder da oposição, porque, nessas questões, ele é incapaz de mudar. É capaz de ter dois pesos e duas medidas, mas incapaz de mudar.

Os seus duplos padrões não deveriam governar este Parlamento. Bom senso, senso comum, processo adequado, isso é o que deve reger este Parlamento. É esse que acredito ser o caminho para este Parlamento, não o tipo de duplo padrão e jogo político imposto pelo líder da oposição, que agora está olhando para o relógio porque, aparentemente, uma mulher está falando por muito tempo.

Ele já gritou comigo para que eu calasse a boca no passado, mas vou usar os segundos restantes do meu tempo para dizer ao líder da oposição que acho que o melhor caminho para ele é refletir sobre os padrões que exibiu durante sua vida pública, sobre a responsabilidade que deve assumir pelas suas declarações públicas, sobre a sua estreita ligação pessoal com Peter Slipper, sobre a hipocrisia que demonstrou hoje nesta assembleia.

E, com base nisso, por causa das motivações do líder da oposição, este Parlamento hoje deve rejeitar essa moção, e o líder da oposição deve pensar seriamente sobre o papel das mulheres na vida pública e na sociedade australiana, porque temos direito a um patamar melhor do que esse. 99

Chimamanda Ngozi Adichie
"Todos devíamos ser feministas"

TED Talk, Londres
Abril de 2013

O discurso "Todos devíamos ser feministas", de Chimamanda Ngozi Adichie, é cheio de alegria e humor, e maravilhosas histórias pessoais de como ela se tornou uma feminista na Nigéria. Proferido como uma TEDx Talk, atingiu mais de cinco milhões e meio de pessoas on-line. Publicado em livro, foi um sucesso em todo o mundo. Beyoncé sampleou o discurso em sua música "Flawless". Um projeto sueco deu o livro de presente a todos os jovens de 16 anos no país.

Essa não é a única TED Talk de Adichie. Seu discurso "O perigo de uma única história" se tornou uma das TED Talks mais assistidas de todos os tempos[19] – desafiando a sub-representação de diferentes culturas e nossa prontidão em julgar pessoas, comunidades e nações com base apenas em uma história que conhecemos sobre elas.

As TED Talks são o formato perfeito para os discursos espirituosos e instigantes de Adichie. Elas transformaram a tradição oral, fornecendo novas maneiras de alcançar milhões de pessoas on-line com um argumento interessante – mais curto e mais divertido do que palestras acadêmicas ou discursos formais; mais relaxado e abrangente do que comícios políticos. Há ótimas delas para assistir, sobre uma variedade incrível de tópicos, mas as de Adichie se destacam.

O poder de Adichie como oradora vem, em parte, de seus pontos fortes como romancista e contadora de histórias. Suas palavras são lindas e ela as faz ganhar vida com vinhetas evocativas, muitas vezes de suas próprias experiências. A desigualdade de gênero e a injustiça que Adichie descreve em seu discurso nos tocam poderosamente porque ela as enraíza nas experiências cotidianas de personagens relacionáveis – geralmente amigos e família.

Essas histórias pessoais tornam o discurso muito mais atraente, mas também permitem que ela fale sobre a desigualdade de gênero em várias complexidades e nuances – para que possa transmitir suas ideias de maneira clara, sem que seja excessivamente simplista ou fique presa em uma única história contra a qual nos adverte.

Mas a beleza de seus discursos também está na performance. Nesta TED Talk, a entrega de Adichie é calorosa, com ótimo *timing* e um brilho nos olhos. Também é otimista e inclusiva, pois ela argumenta que tanto as mulheres quanto os homens se beneficiam quando são mais livres para viver de acordo com seu "eu" verdadeiro, sem o peso das expectativas de gênero. Em última análise, o poder deste discurso é tornar o feminismo não apenas um apelo por um mundo mais justo, mas por um mundo mais feliz e alegre.

❞ Eu escrevi um romance sobre um homem que, entre outras coisas, bate na esposa, e cuja história não termina muito bem. Quando eu estava promovendo o romance na Nigéria, um jornalista, um homem bom e bem-intencionado, disse que queria me dar um conselho. E para os nigerianos aqui, tenho certeza de que estamos familiarizados com a rapidez com que nosso povo dá conselhos não solicitados.

Ele me contou que as pessoas estavam dizendo que meu romance era feminista e seu conselho para mim – e ele balançava a cabeça tristemente enquanto falava – era que eu nunca me chamasse de feminista, já que feministas são mulheres infelizes porque não conseguem encontrar maridos.

Então, decidi me chamar de 'feminista feliz'.

Então, uma acadêmica, uma mulher nigeriana, me disse que o feminismo não era nossa cultura, que o feminismo não era a África e que eu estava me chamando de feminista porque tinha sido corrompida por livros 'ocidentais', o que achei engraçado, porque muitas das minhas primeiras leituras [ocidentais] foram decididamente não feministas. [...]

Mas, de qualquer maneira, como o feminismo não era africano, decidi me tornar uma 'feminista feliz e africana que não odeia homens, e que gosta de usar batom e salto alto para si mesma, e não para os homens'.

Claro, falei em tom de brincadeira, mas a palavra 'feminista' é tão carregada de bagagem, bagagem negativa. [...]

Agora, eis uma história da minha infância. Quando eu estava na escola primária, minha professora disse, no início do semestre, que faria um teste e quem obtivesse a maior pontuação seria o monitor da turma.

Ser monitor de classe era importante. Se você fosse um monitor de classe, tinha que anotar quem estava conversando durante a aula, o que já era bastante poderoso por si só. Mas minha professora também lhe daria uma vara para segurar enquanto você caminhasse e patrulhasse a classe em busca de tagarelas. Bem, é claro que você não tinha permissão para usar a vara, mas era uma perspectiva empolgante para mim, aos nove anos.

Eu queria muito ser a monitora da turma e obtive a maior pontuação no teste. Então, para minha surpresa, minha professora disse que o monitor tinha de ser um menino. Ela havia se esquecido de deixar isso claro antes porque presumiu que era óbvio. [...]

Costumo cometer o erro de pensar que algo que é tão óbvio para mim seja óbvio para todos os outros.

Agora veja meu querido amigo Louis, por exemplo. Louis é um homem brilhante e progressista, nós conversávamos e ele me dizia: 'Não sei o que você quer dizer com as coisas serem diferentes ou mais difíceis para as mulheres. Talvez no passado, mas não agora'. E eu não entendia como Louis não conseguia ver o que parecia tão evidente.

Então, uma noite em Lagos, Louis e eu saímos com amigos. E para as pessoas aqui que estão familiarizadas com Lagos, há aquele maravilhoso cenário de Lagos, aquele monte de homens enérgicos que ficam do lado de fora dos estabelecimentos e te ajudam dramaticamente a estacionar o carro.

Fiquei particularmente impressionada com a encenação do homem que encontrou uma vaga para nós naquela noite. E assim, na hora de ir embora, resolvi deixar uma gorjeta para ele.

Abri minha bolsa, coloquei minha mão dentro dela, tirei o dinheiro que ganhei fazendo meu trabalho e dei para o homem. E ele, este homem que estava muito grato e muito feliz, pegou o dinheiro de mim, olhou para Louis e disse: 'Obrigado, senhor!'.

Louis me olhou surpreso e perguntou: 'Por que ele está me agradecendo? Eu não dei o dinheiro a ele'. Então, eu vi a compreensão surgir no rosto de Louis. O homem acreditava que todo o dinheiro que eu tinha, no final das contas, vinha de Louis, porque Louis é um homem.

Então, homens e mulheres são diferentes.

Temos diferentes hormônios, temos diferentes órgãos sexuais, temos diferentes habilidades biológicas; as mulheres podem ter bebês, os homens não, pelo menos ainda não. Os homens têm testosterona e, em geral, são fisicamente mais fortes do que as mulheres. Existem ligeiramente mais mulheres do que homens no mundo, cerca de 52% da população mundial é feminina. Mas a maioria das posições de poder e prestígio é ocupada por homens.

A falecida ganhadora queniana do Nobel da Paz, Wangari Maathai, colocou de maneira simples e correta quando disse: 'Quanto mais alto você vai, menos mulheres você vê'. [...]

E isso fazia sentido há mil anos. Porque os seres humanos viviam, então, em um mundo em que a força física era o atributo mais importante para a sobrevivência. A pessoa fisicamente mais forte tinha maior probabilidade de liderar. [...]

Mas hoje vivemos em um mundo muito diferente. A pessoa com maior probabilidade de liderar não é a pessoa fisicamente mais forte, é a pessoa mais criativa, a pessoa mais inteligente, a pessoa mais inovadora, e não há hormônios para esses atributos. [...]

Algumas semanas atrás, entrei no saguão de um dos melhores hotéis da Nigéria. [...] E um cara na entrada me parou e me fez perguntas irritantes. Porque a suposição automática é que uma mulher nigeriana entrando sozinha em um hotel é uma prostituta. [...]

Cada vez que entro em um restaurante nigeriano com um homem, o garçom cumprimenta o homem e me ignora. [...]

Cada vez que eles me ignoram, me sinto invisível. [...]

O gênero é importante em todo o mundo, mas quero me concentrar na Nigéria e na África em geral, porque é o que conheço e porque é onde está meu coração.

E eu gostaria de pedir hoje que comecemos a sonhar e planejar um mundo diferente. Um mundo mais justo. Um mundo de homens e mulheres mais felizes e mais fiéis a si mesmos.

E é assim que começamos. Devemos criar nossas filhas de maneira diferente. Devemos também criar nossos filhos de maneira diferente. Prestamos um grande desserviço aos meninos da maneira como os criamos. Sufocamos a humanidade dos meninos.

Definimos masculinidade de uma forma muito estreita. A masculinidade se torna uma gaiola apertada e difícil, e colocamos os meninos dentro dela. Ensinamos os meninos a temer o medo. Ensinamos os meninos a temer a fraqueza, a vulnerabilidade. Nós os ensinamos a mascarar seu verdadeiro eu, porque eles têm que ser, na Nigéria, um 'homem forte'. [...]

Quanto mais um homem se obriga a ser o tal 'homem forte', mais fraco é seu ego. E então prestamos um desserviço ainda maior às meninas, porque as criamos para atender aos frágeis egos dos homens.

Ensinamos às meninas a se encolherem, a se tornarem menores. Dizemos às meninas: 'Você pode ter ambição, mas não muita. Você deve ter como objetivo o sucesso, mas não seja muito bem-sucedida, ou você ameaçará o homem. Se é você quem ganha o pão em seu relacionamento com um homem, tem que fingir que não é. Principalmente em público. Caso contrário, você vai castrá-lo'. [...]

Por ser mulher, espera-se que eu aspire ao casamento. Espera-se que eu faça minhas escolhas de vida sempre tendo em mente que o casamento é o mais importante. [...]

Conheço uma mulher que decidiu vender sua casa porque não queria intimidar um homem que pudesse se casar com ela. Conheço uma mulher solteira na Nigéria que, quando vai a conferências, usa aliança, porque, segundo ela, quer que todos os participantes da conferência a respeitem. Conheço mulheres jovens que sofrem muita pressão da família, dos amigos e até do trabalho para se casar, e são pressionadas a fazer escolhas terríveis. [...]

Homens e mulheres na Nigéria dirão – e esta é uma expressão que me diverte muito: 'Eu fiz isso pelo bem do meu casamento'. Agora, quando os homens dizem isso, geralmente é sobre algo que eles não deveriam estar fazendo, de qualquer maneira... 'Oh, minha esposa disse que eu não posso ir ao clube todas as noites, então, pelo bem do meu casamento, vou só nos fins de semana'. Agora, quando uma mulher diz: 'Eu fiz isso pelo bem do meu casamento', ela geralmente está falando sobre ter desistido de um emprego, um sonho, uma carreira. [...]

Ensinamos às meninas que elas não podem ser tão interessadas em sexo quanto os meninos. [...]

Mas é claro, quando chegar a hora certa, esperamos que essas meninas escolham o homem perfeito como marido. Nós policiamos meninas. Louvamos as meninas pela virgindade, mas não elogiamos os meninos pela virgindade. E isso sempre me fez pensar como exatamente tudo isso funcionaria... [aplausos] Quer dizer, a perda da virgindade geralmente é um processo que envolve duas pessoas. [...]

Ensinamos vergonha às meninas. 'Feche suas pernas. Cubra-se.' Nós as fazemos sentir como se, por terem nascido mulheres, já fossem culpadas de alguma coisa. E assim, as meninas crescem e se tornam mulheres que não podem dizer que têm desejo. Elas crescem e se tornam mulheres que se silenciam. Elas crescem e são mulheres que não conseguem dizer o que realmente pensam. [...]

O problema com o gênero é que prescreve como devemos ser, em vez de reconhecer como somos. Agora, imagine como seríamos mais felizes se fôssemos mais livres para sermos nossos verdadeiros eus individuais, se não tivéssemos o peso das expectativas de gênero. [...]

Decidi não pedir mais desculpas por minha feminilidade e nem pela falta dela. E quero ser respeitada em toda a minha feminilidade, porque mereço ser. [...]

Questões de gênero. Homens e mulheres experimentam o mundo de maneira diferente. O gênero influencia a maneira como vivenciamos o mundo.

Mas podemos mudar isso. [...]

Algumas pessoas dirão que a subordinação da mulher a um homem é a nossa cultura. Mas a cultura está mudando constantemente. Tenho lindas sobrinhas gêmeas de quinze anos que moram em Lagos. Se elas tivessem nascido há cem anos, teriam sido levadas e mortas porque era nossa cultura, era a cultura igbo matar gêmeos. […]

A cultura não forma as pessoas. As pessoas formam a cultura. […]

Minha própria definição de feminista é: feminista é um homem ou uma mulher que diz: 'Sim, hoje existe um problema de gênero, e devemos corrigi-lo, temos que ser melhores'. 🙸

Malala Yousafzai
"Vamos pegar nossos livros e nossas canetas"

Assembleia Geral da ONU, Nova York
Julho de 2013

Em seu aniversário de 16 anos, nove meses depois de ser baleada na cabeça pelo Talibã, Malala Yousafzai fez um discurso nas Nações Unidas. Uma adolescente em um palco mundial, honrada por usar o xale rosa-claro de Benazir Bhutto, falou lenta e claramente sobre sua experiência.

> "Nada mudou em minha vida, exceto isto: a fraqueza, o medo e o desespero morreram. Força, poder e coragem nasceram. Eu sou a mesma Malala. Minhas ambições são as mesmas. Minhas esperanças são as mesmas. E meus sonhos são os mesmos."

O discurso causou um grande impacto em todos que o ouviram. Quanto a mim, que na época tinha meus próprios adolescentes, só consegui imaginar as mudanças em sua vida desde o ano anterior, a partir do momento em que um atirador do Talibã perguntou ao grupo de colegiais *pashtun** no banco de trás do ônibus escolar da Khushal, "Quem é Malala?", e então atirou nela e em suas amigas à queima-roupa. E aí, neste dia de julho de 2013 – menos de um ano depois –, fazer seu primeiro discurso público nas Nações Unidas.

Mas a perda pessoal e o sofrimento não eram sua mensagem. Seu grito de guerra por educação foi tão poderoso que ela quase foi morta por isso. Mas neste discurso ela subverte as imagens violentas das armas, virando-as para aqueles que as apontam: são os extremistas que devem ter medo, porque temos a arma mais poderosa de todas.

> "Que nos fortaleçamos armados de conhecimento... vamos empunhar nossos livros e nossas canetas."

---

* Os *pashtuns*, também conhecidos como *pukhtuns* ou *pathans*, são um grupo étnico predominantemente encontrado no Afeganistão e no Paquistão. Eles são o maior grupo étnico no Afeganistão e o segundo maior no Paquistão. [N. E.]

Malala descreveu Benazir Bhutto como uma de suas inspirações, e quando Ban Ki-moon* apresentou Malala à assembleia de jovens naquele dia, ele repetiu as palavras que Habib Jalib havia escrito para Bhutto muitos anos antes, que aqueles com armas temiam uma garota desarmada: "Ao mirar em Malala, os extremistas mostraram o que mais temiam: uma garota com um livro".

E ele estava certo. O discurso de Malala e sua campanha incansável pela educação de meninas desde então foram a resposta mais desafiadora à brutalidade do Talibã, que não conseguiu silenciá-la.

Ela termina com retórica e *timing* dignos de uma ativista experiente, conclamando líderes mundiais, governos, nações desenvolvidas, comunidades e irmãs em todo o mundo a se unirem pela causa da educação.

> "Uma criança, um professor, um livro e uma caneta podem mudar o mundo."

Desde então, Malala ganhou o Prêmio Nobel da Paz e criou, com sua família, o Fundo Malala, apoiando ativistas que trabalham pela educação de meninas no Afeganistão, no Brasil, na Índia, na Nigéria e no Paquistão.

---

* Ban Ki-moon é um diplomata sul-coreano que foi o oitavo secretário-geral das Nações Unidas, de 2007 a 2016. [N. E.]

❝ Hoje, é uma honra para mim voltar a falar, depois de muito tempo.

Estar aqui com pessoas tão nobres é um grande momento em minha vida, e é uma honra para mim que hoje eu esteja usando um xale de Benazir Bhutto Shaheed. [...]

Hoje é o dia de cada mulher, de cada menino e de cada menina que levantaram a voz por seus direitos. Existem centenas de ativistas de direitos humanos e assistentes sociais que não estão apenas lutando por seus direitos, mas também para alcançar seu objetivo de paz, educação e igualdade.

Milhares de pessoas foram mortas pelos terroristas, e milhões foram feridas. Eu sou apenas uma delas. Então, aqui estou, uma garota entre muitas. Eu não falo por mim, mas para que aqueles sem voz possam ser ouvidos. Aqueles que lutaram por seus direitos. Seu direito de viver em paz. Seu direito de ser tratado com dignidade. Seu direito à igualdade de oportunidades. Seu direito à educação.

Caros amigos, em 9 de outubro de 2012 o Talibã atirou em mim, no lado esquerdo da minha testa. Eles atiraram nas minhas amigas também. Eles pensaram que as balas nos silenciariam, mas falharam. E desse silêncio surgiram milhares de vozes.

Os terroristas pensaram que mudariam meus objetivos e impediriam minhas ambições. Mas nada mudou em minha vida, exceto isso: a fraqueza, o medo e o desespero morreram. Força, poder e coragem nasceram. Eu sou a mesma Malala. Minhas ambições são as mesmas. Minhas esperanças são as mesmas. E meus sonhos são os mesmos.

Queridos irmãos e irmãs, não sou contra ninguém. Nem estou aqui para falar em vingança pessoal contra o Talibã ou qualquer outro grupo terrorista. Estou aqui para falar pelo direito de todas as crianças à educação. Quero educação para os filhos e filhas do Talibã, e de todos os terroristas e extremistas. Eu nem mesmo odeio o talibé que atirou em mim.

Ainda que houvesse uma arma na minha mão e ele estivesse na minha frente, eu não atiraria nele. Essa é a compaixão que aprendi com Maomé, o profeta da misericórdia, e com Jesus Cristo e o Senhor Buda. Esse é o legado de mudança que herdei de Martin Luther King, Nelson Mandela e Muhammad Ali Jinnah.

Essa é a filosofia de não violência que aprendi com Mahatma Gandhi, Abdul Ghaffar Khan e Madre Teresa. E esse é o perdão que aprendi com meu pai e com minha mãe.

Isso é o que minha alma está me dizendo: seja pacífica e ame a todos.

Queridos irmãos e irmãs, percebemos a importância da luz quando vemos as trevas. Percebemos a importância da nossa voz quando somos silenciados. Da mesma forma, quando estávamos em Suat, no norte do Paquistão, percebemos a importância das canetas e dos livros quando vimos as armas. O sábio ditado 'A caneta é mais poderosa do que a espada' era verdade.

Os extremistas tinham – e têm – medo de livros e canetas. O poder da educação os assusta. Eles têm medo das mulheres. O poder da voz das mulheres os assusta.

E foi por isso que mataram catorze estudantes inocentes no ataque recente em Quetta. Foi por isso que mataram professoras. [...] É por isso que eles estão explodindo escolas todos os dias, porque eles tinham e têm medo da mudança, medo da igualdade que traremos para a nossa sociedade.

E eu lembro que um jornalista perguntou a um garoto da nossa escola: 'Por que o Talibã é contra a educação?'. Ele respondeu simplesmente apontando para seu livro e dizendo: 'Um talibé não sabe o que está escrito dentro deste livro'.

Eles pensam que Deus é um minúsculo ser conservador que mandaria meninas para o inferno apenas por irem à escola. Os terroristas estão fazendo mau uso do nome do Islã e da sociedade *pashtun* para seu próprio benefício. O Paquistão é um país democrático e amante da paz. Os *pashtuns* querem educação para suas filhas e filhos.

E o Islã é uma religião de paz, humanidade e fraternidade. O Islã diz que não é apenas o direito de cada criança obter educação, mas é seu dever e responsabilidade. A paz é necessária para a educação. Em muitas partes do mundo, especialmente no Paquistão e no Afeganistão, o terrorismo, as guerras e os conflitos impedem as crianças de irem às escolas. Estamos realmente cansados dessas guerras. Mulheres e crianças estão sofrendo de várias maneiras, em muitas partes do mundo.

Na Índia, crianças inocentes e pobres são vítimas de trabalho infantil. Muitas escolas foram destruídas na Nigéria. As pessoas no Afeganistão foram afetadas pelos obstáculos do extremismo durante décadas. As meninas têm que fazer trabalho infantil doméstico e são forçadas a se casar cedo. Pobreza, ignorância, injustiça, racismo e privação dos direitos básicos são os principais problemas enfrentados por homens e mulheres.

Hoje, estou me concentrando nos direitos das mulheres e na educação das meninas porque são elas que sofrem mais. Houve um tempo em que as ativistas sociais pediam aos homens que lutassem por seus direitos. Mas desta vez nós mesmas faremos isso. Não estou dizendo aos homens que deixem de lutar pelos direitos das mulheres, mas que as mulheres sejam independentes para lutar por si mesmas.

Então, queridos irmãos e irmãs, agora é hora de falar.

Portanto, hoje, conclamamos os líderes mundiais a mudar suas políticas estratégicas em favor da paz e da prosperidade. Apelamos aos líderes mundiais para que todos esses acordos protejam os direitos de mulheres e crianças. Um acordo que vá contra os direitos das mulheres é inaceitável.

Apelamos a todos os governos para que garantam a educação gratuita e obrigatória em todo o mundo, para todas as crianças.

Apelamos a todos os governos que lutem contra o terrorismo e a violência. Para proteger as crianças da brutalidade e do mal.

Apelamos às nações desenvolvidas que apoiem a expansão das oportunidades de educação para meninas no mundo em desenvolvimento.

Apelamos a todas as comunidades que sejam tolerantes, rejeitem o preconceito baseado em casta, credo, seita, cor, religião ou política, que garantam a liberdade e igualdade às mulheres para que possam florescer. O sucesso de todos não é possível quando metade de nós é impedida de lutar por ele.

Convocamos nossas irmãs ao redor do mundo a serem corajosas, a abraçar a força dentro de si mesmas e a realizar todo o seu potencial.

Queridos irmãos e irmãs, queremos escolas e educação para que o futuro de cada criança seja brilhante. Continuaremos nossa jornada por um destino de paz e educação. Ninguém pode nos impedir. Vamos defender nossos direitos e realizar mudanças por meio de nossa voz.

Acreditamos no poder e na força de nossas palavras. Nossas palavras podem mudar o mundo inteiro, porque estamos todos juntos, unidos pela causa da educação. E se quisermos atingir nosso objetivo, vamos nos fortalecer com a arma do conhecimento e nos proteger com unidade e união.

Queridos irmãos e irmãs, não devemos esquecer que milhões de pessoas sofrem com a pobreza, a injustiça e a ignorância. Não devemos esquecer que milhões de crianças estão fora das escolas. Não devemos esquecer que nossas irmãs e irmãos esperam por um futuro brilhante e de paz.

Portanto, vamos travar uma luta global contra o analfabetismo, a pobreza e o terrorismo, vamos pegar nossos livros e nossas canetas, eles são nossas armas mais poderosas.

Uma criança, um professor, um livro e uma caneta podem mudar o mundo. A educação é a única solução.

Educação acima de tudo. **"**

Kavita Krishnan
"Liberdade sem medo"

Protesto da Associação de Mulheres Progressistas da Índia, Délhi
Dezembro de 2013

Em dezembro de 2012, uma mulher de 23 anos chamada Jyoti Singh foi brutalmente estuprada por seis homens em um ônibus, em Délhi. Ela tinha saído para ver um filme com um amigo e, menos de duas semanas depois, morreu devido aos ferimentos.

A lei indiana não permite que o nome da vítima seja publicado na imprensa, então ela foi mencionada como "Nirbhaya" – que significa "destemida".

Nos dias seguintes, enormes protestos ocorreram em Délhi e por toda a Índia. Kavita Krishnan, secretária da Associação de Mulheres Progressistas da Índia e membro do Partido Comunista Indiano, foi uma das mulheres que mais se pronunciaram.

Mais tarde, ela descreveu os protestos como "uma explosão da raiva acumulada contra a cultura do estupro".²⁰ E foi exatamente isso que expressou – encharcada pelos canhões d'água que tentavam dispersar a multidão²¹ – nesse discurso marcante, proferido em frente à casa da ministra-chefe da Índia, Sheila Dikshit.

O grito de Krishnan pela liberdade das mulheres não é apenas uma explosão de raiva. Este discurso é forense. Ela separa os diferentes argumentos usados para culpar as mulheres – que elas são muito aventureiras, muito imprudentes ou que precisam ficar em casa, em segurança. E desafia a forma como os argumentos sobre a "segurança" das mulheres estavam sendo usados para limitar sua liberdade, em vez de mudar a forma como os homens – e as instituições por eles dominadas – se comportam.

Seu argumento é forte, e sua exigência é clara: "Liberdade sem medo é aquilo de que precisamos".

Os protestos de 2012 foram uma explosão de raiva. Eles demonstraram fúria com o fracasso das autoridades em combater a epidemia de estupro e violência contra as mulheres na Índia. As indianas ainda estão fazendo campanha por ações mais fortes em relação à violência contra mulheres e meninas. Em 2019, a polícia de Délhi informou que cinco mulheres eram estupradas todos os dias na capital, e o índice de condenações ainda é assustadoramente baixo.²²

Às vezes, são necessários anos de discursos, campanhas e ações para que a mudança aconteça. Mas as palavras de Krishnan e os protestos de "Nirbhaya" em 2013 foram um momento de despertar na Índia – e em todo o mundo.

E como muitas das mulheres apresentadas nas páginas anteriores deste livro, desde as abolicionistas às sufragistas e ativistas contra o extremismo, o discurso dela não foi apenas um momento, mas parte de um movimento.

> Hoje estamos diante da casa de Sheila Dikshit.
>
> Por que estamos exigindo que ela renuncie?
>
> Precisamos que as pessoas entendam o motivo – é verdade que a senhora Dikshit fez uma declaração dizendo que o incidente ocorreu em um ônibus particular, não em um ônibus do governo, então como poderia ser responsabilidade dela?
>
> E foi isso que viemos dizer a ela: se um ônibus contendo barras de ferro e estupradores está operando abertamente na cidade, sem regulamentações, se ele pode pegar passageiros a qualquer hora, em qualquer lugar – então, senhora, você é responsável por isso, não é responsabilidade de ninguém, é sua.
>
> Se aquela garota está lutando pela vida hoje, você é a responsável por isso.
>
> Por que havia uma barra de ferro no ônibus naquele dia? É algo que só você pode responder, mais ninguém. Você não pode culpar ninguém por isso.
>
> Mas há uma questão ainda mais urgente do que isso – algo sobre o qual falamos, sobre o qual estamos aqui hoje para falar: quando a jornalista Soumya [Vishwanathan] foi assassinada, Sheila Dikshit

emitiu outra declaração: 'Se ela estava fora de casa às três da manhã, era aventureira demais'.

Estamos aqui para dizer a ela que as mulheres têm todo o direito de ser aventureiras.

Seremos aventureiras.

Seremos imprudentes.

Seremos precipitadas.

Não faremos nada pela nossa segurança.

Não se atreva a nos dizer como devemos nos vestir, quando sair à noite, de dia, como andar ou de quantas escoltas precisamos!

Quando Neeraj Kumar foi recentemente nomeado comissário de polícia, ele deu uma entrevista coletiva na qual disse: 'Como a polícia pode fazer alguma coisa a respeito dos incidentes de estupro?'.

A estatística que ele apresentou foi de que a maior parte dos estupros é cometida por pessoas conhecidas da mulher. Essa é uma estatística autêntica – mas isso não deveria apenas tornar mais fácil a prisão do estuprador?

Nossa pergunta à polícia não é 'por que você não evitou que isso acontecesse?'. Mas a taxa de condenação passou de 46%, em 1971, para 26%, em 2012 – quem é o responsável por isso?

O fato é que há uma grande lacuna na investigação policial, há uma inconsistência – eles não têm nenhum procedimento em vigor para saber como lidar com uma vítima de estupro. Todas as mulheres aqui sabem que a polícia de Délhi tem apenas uma maneira de lidar com essa situação – se você fosse a uma delegacia hoje e reclamasse que foi vítima de violência sexual, a primeira coisa que diriam a você seria que não registrasse uma queixa. Pessoas estranhas vão começar a se reunir na delegacia para 'explicar' a você – 'Fulana, não faça uma reclamação'. [...]

Duvido que haja uma única mulher em Délhi que tenha ido à polícia de Délhi e não tenha passado por isso. Eu não sei de qual livro de regras eles tiraram esse procedimento, mas ele existe.

Outra declaração que Neeraj Kumar deu em uma entrevista coletiva foi a de que as mulheres não deveriam andar sozinhas, que deveriam ter acompanhantes – e que se você anda pelas ruas às duas da manhã, então como pode esperar que nós a salvemos? [...]

Eu acredito que, mesmo que as mulheres saiam sozinhas nas ruas, mesmo que seja tarde da noite, por que deveria haver justificativas para isso? Como 'ela tem que trabalhar até tarde' ou 'ela estava voltando para casa de um trabalho de BPO ou um trabalho de mídia'? Se ela simplesmente quiser sair à noite, se ela quiser sair e comprar um cigarro ou dar um passeio na rua – isso é um crime? [...]

Acreditamos que, não importa se estão dentro ou fora de casa, de dia ou à noite, por qualquer motivo, independentemente de estarem vestidas, as mulheres têm direito à liberdade. E essa liberdade sem medo é o que precisamos proteger, vigiar e respeitar.

Estou dizendo isso porque sinto que a palavra 'segurança' tem sido usada demais em relação às mulheres – todas nós, mulheres, sabemos a que se refere essa 'segurança', ouvimos nossos pais falando, ouvimos nossas comunidades, nossos diretores, nossos guardas a usam. As mulheres sabem a que se refere 'segurança'.

Significa seja comportada.

Volte para casa.

Não se vista de determinada forma.

Não viva livremente, e assim você estará segura.

Toda uma gama de leis e instituições patriarcais nos dizem o que fazer sob o pretexto de nos manter 'seguras'. Nós rejeitamos toda essa noção. Nós não queremos isso.

A Polícia de Délhi está fazendo uma campanha publicitária sobre a violência contra as mulheres, vocês devem ter visto os grandes painéis perto da ITO*, por que não há uma única mulher nessa campanha publicitária? Em vez disso, eles têm um ator de cinema hindi, Farhan Akhtar, exortando as

---

* Estação de metrô em Délhi. [N. T.]

pessoas: 'Seja um homem, junte-se a mim na proteção às mulheres'.

Eu quero perguntar, e o irmão que corta a cabeça da irmã por ousar se casar em uma comunidade diferente? Ele não está desempenhando o papel de um protetor masculino também?

Esse machismo não é solução para o problema da violência contra as mulheres; é, de fato, a raiz do problema. Isso é que precisamos entender.

É claro que, neste país, exceto pelo movimento das mulheres... o governo, a polícia, os partidos políticos, o judiciário, quando eles falam da 'segurança' das mulheres, estão falando dentro de um entendimento patriarcal específico do termo.

Ninguém fala de proteger a sua liberdade de viver sem medo. **99**

Lupita Nyong'o
"Ser bonita por dentro"

Revista *Essence*, Black Women in Hollywood*, Los Angeles
Fevereiro de 2014

Lupita Nyong'o ganhou um Oscar por seu primeiro papel em um longa-metragem depois de deixar a escola de teatro. Foi um retrato matizado e profundamente comovente de Patsey, uma mulher escravizada de meados do século XIX que foi repetidamente estuprada e torturada, no filme mais impactante de uma geração sobre o tema, *12 anos de escravidão*. Em seu discurso na cerimônia do Oscar, ela disse:

> "Não me escapa à mente, por nenhum momento, que essa enorme alegria na minha vida se deve a tanto sofrimento na de outra pessoa. Portanto, quero saudar o espírito de Patsey por sua orientação".[23]

---

* Mulheres negras em Hollywood. [N. T.]

Nyong'o se baseia na história de Patsey e na sua própria neste discurso para o evento Black Women in Hollywood, promovido pela revista *Essence*, em 2014, ao descrever como foi provocada, quando criança, por sua "pele escura como a noite".

O discurso começa com uma carta comovente de uma jovem negra que havia considerado usar produtos de clareamento da pele antes de ver Nyong'o na tela, e Nyong'o conhece aquele sentimento de aversão a si mesma – de ter se sentido "não bonita" quando era criança por causa da cor de sua pele. Foi só quando viu a supermodelo negra Alek Wek e as mulheres que estrelaram a adaptação cinematográfica do romance inovador de Alice Walker, *A cor púrpura*, que viu um reflexo de si mesma que a deixou orgulhosa.

Nyong'o usou este discurso para dizer às meninas que elas eram bonitas e dignas, as mesmas palavras que ela precisava ouvir quando era uma criança que se sentia feia em sua própria pele. Mas sua mensagem mais ampla é que a beleza não é algo que pode ser adquirido, mas algo que você apenas tem que ser. O que fundamentalmente nos sustenta, Nyong'o explica lindamente, "é a compaixão consigo mesma" – é esse tipo de beleza que "encanta a alma".

É um discurso eficaz de muitas maneiras; Nyong'o move-se habilmente da história da jovem que escreveu para ela à sua própria história, à mensagem mais ampla e, em seguida, no final, de volta à história de Patsey, tornando interessante cada estágio do discurso. Ele tem uma verdade simples: o que importa é a beleza interior, mas ao seu redor estão reflexões sobre o racismo e as expectativas opressivas sobre as meninas para atender a padrões específicos de "beleza" física, bem como um desafio direto à indústria em que ela trabalha e um comentário sobre a prejudicial falta de diversidade nas indústrias da moda e do entretenimento.

Em outubro de 2017, Nyong'o se juntou a outras atrizes que se manifestaram no movimento #MeToo, narrando o assédio sexual que sofrera de Harvey Weinstein, como ele ameaçou sua carreira quando ela recusou seus avanços. Ela escreveu:

> "Agora que estamos falando, que nunca nos calemos sobre esse tipo de coisa. Falo para ter certeza de que esse não é o tipo de conduta imprópria que merece uma segunda chance. Falo para contribuir para o fim da conspiração do silêncio".[24]

Com essas palavras, e neste discurso de 2014, você tem a sensação de que Nyong'o entende o seu poder como celebridade e modelo, e está determinada a lutar por um mundo melhor. Ao mesmo tempo, ela enfatiza o quanto deve aos outros – mostrando humildade e graça em seus discursos, enquanto presta homenagem àqueles cujas lutas possibilitaram que ela falasse agora.

Mas o que torna o discurso de Nyong'o mais eficaz, acima de tudo, é que ela o faz parecer pessoal não apenas para ela, mas para o seu público. Fica evidente quem ela mais deseja que ouça suas palavras, e nunca perde isso de vista – nesse caso, as jovens negras a quem se dirige diretamente no final do discurso –, compartilhando sua esperança de que elas sintam a validação de sua beleza exterior, mas, mais importante, que elas se concentrem em ser bonitas por dentro.

❝ Recebi uma carta de uma garota e gostaria de compartilhar uma pequena parte dela com vocês.

'Querida Lupita', está escrito, 'acho que você tem muita sorte de ser tão negra e, ainda assim, tão bem-sucedida em Hollywood, da noite para o dia. Eu estava prestes a comprar o creme Whitenicious da Dencia para clarear minha pele, quando você apareceu no mapa mundial e me salvou.'

Meu coração sangrou um pouco quando li essas palavras. Eu nunca poderia imaginar que meu primeiro emprego fora da escola seria tão poderoso, por si só, e que me impulsionaria a ser uma imagem de esperança da mesma forma que as mulheres de *A cor púrpura* foram para mim.

Lembro-me de uma época em que também não me sentia bonita. Ligava a TV e só via peles pálidas. Era provocada por minha pele da cor da noite. E minha única oração a Deus, o fazedor de milagres, era que eu acordasse com a pele mais clara. A manhã chegava e eu ficava tão animada para ver minha nova pele, que me recusava a me olhar até que estivesse na frente de um espelho, porque eu queria ver primeiro meu rosto claro.

E todos os dias eu sentia a mesma decepção por ele estar tão escuro quanto no dia anterior.

Tentei negociar com Deus. Eu disse a ele que pararia de roubar cubos de açúcar à noite se ele me desse o que eu queria. Eu ouviria cada palavra da minha mãe e nunca mais perderia meu suéter da escola – se ele me deixasse um pouco mais clara. Mas acho que Deus não ficou impressionado com minhas moedas de troca, porque ele nunca me deu ouvidos. E quando eu era adolescente, meu ódio por mim mesma piorou, como vocês podem imaginar, acontece com todos os adolescentes.

Minha mãe sempre me lembrava de que ela me achava bonita. Mas isso não me consolava, ela era minha mãe. Claro, ela tinha que me achar bonita. E, então, Alek Wek entrou no cenário internacional como uma modelo celebrada. Ela era escura como a noite. Ela estava em todas as passarelas e em todas as revistas e todo mundo falava sobre como ela era linda – até a Oprah a chamava de linda, o que fazia disso um fato.

Eu não conseguia acreditar que as pessoas estavam chamando de bonita uma mulher que se parecia tanto comigo. Minha pele sempre fora um obstáculo a ser superado, e de repente Oprah estava me dizendo que não era. Era desconcertante, e eu queria rejeitar aquilo, porque havia começado a gostar da sedução da inadequação. Mas não tinha jeito, uma flor já desabrochava dentro de mim.

Quando vi Alek, visualizei inadvertidamente um reflexo de mim mesma o qual eu não podia negar. Agora, passei a me gostar mais porque me senti mais vista. Mais apreciada pelos longínquos porteiros da beleza.

Mas ao meu redor prevalecia a preferência pela pele clara. Para os observadores que eu achava importantes, eu ainda não era bonita. E minha mãe, de novo, dizia para mim: você não pode se alimentar de beleza. Isso não te alimenta. E aquelas palavras me incomodavam. Eu realmente não as entendia, até que finalmente percebi que a beleza não era algo que eu pudesse adquirir ou consumir – era algo que eu simplesmente tinha que ser.

E o que minha mãe queria dizer com aquilo era que você não pode confiar em sua aparência para se sustentar. O que realmente nos sustenta, o que é fundamentalmente belo, é a compaixão consigo mesmo e pelas pessoas ao seu redor. Esse tipo de beleza inflama o coração e encanta a alma. Foi isso que criou tantos problemas para Patsey com o senhor. Mas é também o que mantém sua história viva até hoje. Lembramos a beleza de seu espírito, mesmo quando a beleza de seu corpo se desvaneceu.

Assim, espero que minha presença em suas telas e revistas possa levá-la, jovem, a uma jornada semelhante. Que você sinta a validação de sua beleza externa, mas também se esforce para ser bonita por dentro.

Nessa beleza não há cor. 𝟗𝟗

Harriet Harman
"O Parlamento deve liderar pelo exemplo"

Londres
Julho de 2014

Conheci Harriet Harman em Blackpool, durante a Conferência do Partido Trabalhista de 1992. Era uma entrevista de emprego, e eu deveria encontrá-la do lado de fora do Winter Gardens, mas não sabia em qual entrada. Então, quando a vi correndo na esquina em direção a uma porta diferente, corri atrás dela, gritando. Caí, rasguei minha meia-calça e arranhei meu joelho.

Harriet era maternal. Ela me levou direto para a Marks & Spencer para comprar uma meia-calça nova e, então, conduziu a entrevista tomando uma xícara de chá em um canto do centro de conferências. Dentro de 20 minutos – ela tinha que estar em outro lugar –, concluiu: "Sim, acho melhor você começar logo". Para mim, foi como se nunca tivesse existido outra opção.

Aquele primeiro encontro com ela simboliza bem sua personalidade – ocupada, solícita, não convencional, extremamente prática e nunca aceitando "não" como resposta. O incentivo e a ajuda que ela me deu ao longo dos 25 anos em que a conheço têm sido imensos – desde o apoio pessoal, quando fiquei doente, aos 20 anos, e tive que me afastar do trabalho por um ano, até me ajudar a lutar contra os obstáculos da licença-maternidade ministerial na casa dos 30 anos. Muitas outras mulheres na política têm histórias semelhantes para contar.

Quando ela foi eleita, em uma eleição suplementar em 1982, não apenas era uma das dez mulheres trabalhistas no Parlamento, mas também estava grávida. E ela não só trilhou um caminho pessoal que tornou muito mais fácil para outras mulheres seguirem, mas também foi inflexível em sua determinação de continuar levantando as questões práticas das mulheres em todo o país.

Ela enfrentou Margaret Thatcher no Parlamento na discussão sobre cuidados infantis. Ela foi uma das principais defensoras do All Women Shortlists* adotado pelo Partido Trabalhista, que trouxe um aumento maciço no número de mulheres parlamentares. No governo, ela liderou ações contra a violência doméstica e a favor de assistência infantil e licença-maternidade assalariada, e

---

* Uma ação afirmativa que visa aumentar o número de mulheres no Parlamento do Reino Unido. [N. T.]

redigiu a Lei de Igualdade de 2010*. E, como vice-líder do Partido Trabalhista e agora Mãe da Câmara dos Comuns (a MP mulher mais antiga), ela tem usado continuamente sua antiguidade para encorajar outras mulheres a entrar na política ou fazerem campanha por mudanças. Sua determinação de nunca aceitar o *status quo* e sua constante inquietação na luta pela igualdade renderam a ela muitos inimigos e diversas desavenças. Mas isso não a impediu.

Este discurso, proferido como uma palestra nas salas de recepção do porta-voz do Parlamento, resumiu sua abordagem focada e apaixonada pela igualdade e pelo fim da discriminação que tem orientado muito de seu trabalho. Ela foi mordaz quanto à ideia de que onde há igualdade não há mérito, ou a de que se houver mais mulheres, homens ainda melhores não terão espaço. Como ela apontou:

> "Como o mérito ou a qualidade poderiam resultar no fato de que quando cheguei, em 1982, o Parlamento era composto em 97% de homens e apenas em 3% de mulheres?".

Ela advogou incansavelmente a favor de mais parlamentares negros e asiáticos, mais parlamentares da classe

---

* Equality Act 2010, que protege legalmente as pessoas contra a discriminação no ambiente de trabalho e na sociedade. [N. T]

trabalhadora, mais parlamentares deficientes – "quando as pessoas virem o Parlamento na televisão, é importante que vejam pessoas como elas mesmas" –, assim como se opôs fortemente à criação de hierarquias para diferentes tipos de desigualdade, e apelou a todos para que fizessem disso uma causa comum.

Eu escolhi este, em particular, entre os muitos discursos de Harriet porque é a visão geral perfeita do trabalho pioneiro que ela realizou. Porém, não há nela uma fala importante, que a ouvi dizer muitas vezes, em discursos em todo o país, o que deveria ser uma garantia para todas as mulheres que enfrentam resistência ao se manifestar, e que melhor resume Harriet:

> "Se você não está participando de discussões, provavelmente não está fazendo a diferença".[25]

❝ Meu ponto de partida é o princípio básico. O princípio da igualdade – que ninguém deve ser excluído ou discriminado e impedido de representar um distrito eleitoral, tornando-se deputado, por ser mulher, por não ser branco, por ser gay, deficiente ou de origem operária. O Parlamento deve representar todas as pessoas, por isso deve defender a igualdade. E não pode fazer isso se, em sua composição, for um símbolo da desigualdade.

O Parlamento deve incluir as melhores pessoas, provenientes da mais ampla amostra de talento e compromisso. Não está fazendo isso se for exclusivo e discriminatório. Portanto, é paradoxal que o nosso argumento a favor da igualdade na composição do Parlamento encontre resistência com base no fato de que enfraqueceria a 'qualidade' dos membros. Os parlamentares são escolhidos por mérito – disseram-nos – e o que defendíamos era uma ameaça a isso.

Como o mérito ou a qualidade poderiam resultar no fato de que quando cheguei, em 1982, o Parlamento era composto em 97% de homens e apenas em 3% por mulheres? E esse Parlamento predominantemente masculino era 100% branco... O argumento que opõe o mérito à igualdade é ridículo e ofensivo – diz às mulheres, aos negros, às pessoas com deficiência e de origem trabalhadora: 'gostaríamos de ter vocês aqui, mas não podemos diminuir a qualidade dos membros'.

O que importa não é apenas a qualidade dos indivíduos, mas também a composição da instituição como um todo. E mesmo que os indivíduos sejam de alta qualidade, se forem totalmente homogêneos, a instituição como um todo carece de mérito.

Quando as pessoas virem o Parlamento na televisão, é importante que vejam pessoas como elas mesmas. Como as mulheres poderiam acreditar que um Parlamento predominantemente masculino entende suas vidas? É uma vergonha que, por tantos anos, pessoas das comunidades asiáticas e afro-caribenhas tenham desempenhado seu papel tão assiduamente em nossa democracia votando nas eleições gerais e, ainda assim, nenhum membro do Parlamento fosse não branco.

Quando Bernie Grant – que, junto a Diane Abbott, foi um dos dois parlamentares afro-caribenhos a entrar no Parlamento em 1987 – apareceu no discurso da rainha vestido com um traje africano completo, houve escárnio. Mas vê-lo lá, resplandecente em mantos africanos esvoaçantes nos bancos verdes da Câmara dos Comuns, enviou uma enorme mensagem positiva para a comunidade afro-caribenha, não apenas para o meu eleitorado [de Camberwell e Peckham] – de que a Câmara dos Comuns agora os ouvia. [...]

A eleição de David Blunkett não apenas trouxe um grande político ao Parlamento, mas também enviou uma mensagem poderosa de que o Parlamento ouviria as pessoas com deficiência e reconheceria suas habilidades. Cada vez que Anne Begg falava de sua cadeira de rodas aos Comuns, não só o que ela dizia era importante, mas também simbolizava a inclusão de usuários de cadeiras de rodas em geral. [...]

Para liderar a luta contra a desigualdade, o Parlamento deve liderar pelo exemplo. Não pode ter esperança de realizar mudanças para combater a desigualdade no país se ele mesmo incorpora a discriminação. [...]

Diversidade também significa experiência de classe. O Partido Trabalhista foi fundado para falar pelas comunidades da classe trabalhadora. Mas o PLP [Partido Trabalhista Parlamentar] fundador – sendo desproporcionalmente formado por graduados universitários – era inicialmente muito diferente dos membros do sindicato que tinham seus interesses defendidos à época da fundação. Porém, por meio do Partido Trabalhista, o movimento sindical, por muitos anos, trouxe para o Parlamento homens de origens da classe trabalhadora. [...]

É um desafio para o nosso partido selecionar candidatos de todas as origens. E como mais de 50% dos sindicalistas são mulheres, isso deve significar também mulheres da classe trabalhadora. [...]

A agenda política é definida por quem está no Parlamento. Apesar de pioneiras, como Jo Richardson, questões como cuidados infantis e violência doméstica dificilmente integraram a agenda política antes que as mulheres parlamentares chegassem, em 1997. Foi preciso que Dawn Primarolo apresentasse uma emenda ao projeto de lei de finanças de

2000 para isentar os absorventes higiênicos do IVA (Imposto sobre Valor Agregado). Naquela época, nenhum homem no Parlamento sequer pensou em mencionar a menstruação feminina. [...]

Embora minha eleição tenha ocorrido por causa da demanda do movimento feminino para corrigir a falta de mulheres no Parlamento, assim que cheguei enfrentei pressão para ser igual aos homens. Como um peixe fora d'água, uma das dez mulheres trabalhistas em um Parlamento de mais de seiscentos parlamentares, recebi conselhos bem-intencionados sobre como poderia corrigir minhas deficiências.

Eu deveria manter minha cabeça baixa por alguns anos e aprender o básico. Devia evitar a terrível humilhação que cairia sobre mim se cometesse um erro. Deveria evitar chamar atenção para mim. Isso só irritaria a todos. Eu não deveria insistir em falar sobre mulheres ou seria rotulada e estereotipada, então deveria me concentrar nas questões tradicionais. E eu deveria ir ao bar para mostrar que estava disposta a 'me enturmar'.

Mas tendo me apoiado para entrar no Parlamento, o movimento das mulheres queria que eu abrisse um caminho – e teria ficado consternado se eu tivesse mantido minha cabeça baixa. [...] Tornou-se impossível passar despercebida quando cheguei grávida. E eu não podia ir ao bar quando estava me sentindo mal da gravidez ou correndo para casa para colocar os bebês na cama.

Por não me conformar, por ser diferente, a punição costumava ser desagradável. Quando voltei, depois de ter meu primeiro filho, fui denunciada ao sargento de armas por quebrar as regras por atravessar o saguão levando meu bebê sob o casaco. Claro que eu não fiz tal coisa – eu ainda estava gorda da gravidez. Uma vez eu disse que teria de perder uma votação porque estava doente – com mastite. E eles publicaram isso nos jornais.

A minha campanha por mais membras mulheres foi profundamente ressentida pelos membros homens, que me acusaram de atacá-los insinuando que eram incapazes de representar suas constituintes mulheres. [...]

Nossas campanhas por mais mulheres parlamentares tiveram sucesso – mas somente por meio do mecanismo de All Women Shortlists. [...] Tentamos realizar mudanças vencendo a discussão – defendendo a seleção de mais mulheres. Tentamos incluir uma mulher em todas as listas de seleção. Tentamos listas preferenciais igualmente divididas entre homens e mulheres. Mas foi apenas pela medida radical de excluir totalmente os homens de 50% das cadeiras que conseguimos as mulheres eleitas.

O efeito daquelas All Women Shortlists foi transformador – mais de cem mulheres trabalhistas varreram o Parlamento, em 1997. Isso mudou não apenas a face do Parlamento, mas a agenda da política.

Introduzimos a Estratégia Nacional de Puericultura, novas leis sobre violência doméstica, a Lei da Igualdade, dobramos o salário-maternidade e a licença-maternidade, trouxemos o direito de solicitar trabalho flexível – questões de grande importância para as mulheres neste país. [...]

Mas mesmo com uma massa crítica de parlamentares mulheres trabalhistas, elas ainda enfrentam desafios. Principalmente no tocante aos filhos. Uma mulher MP é definida por seu estado civil e histórico reprodutivo de uma forma que seria impensável para um homem. [...] "Tenha filhos e você será uma mulher de verdade, mas não uma líder. Não tenha filhos e você pode ser uma líder, mas não será uma mulher de verdade." [...]

Uma mulher MP com filhos é uma mãe devotada e uma MP deficiente, ou uma MP dinâmica e ambiciosa e, portanto, uma mãe deficiente.

Um pai MP que frequenta a noite aberta da escola de seu filho é admirado como um herói. Mas uma mulher MP... é melhor nem mencionar isso, porque ela será taxada como insuficientemente comprometida com seu trabalho. E isso ocorre porque a realidade subjacente e a expectativa cultural é que, na maioria das famílias, ainda é a mãe que assume a responsabilidade diária pelos filhos pequenos – e pelos parentes mais velhos. [...]

E a verdade é que mesmo chegar ao topo das estruturas políticas não é garantia de igualdade. Imagine minha surpresa quando, tendo vencido uma difícil eleição para suceder a John Prescott como vice-líder do Partido Trabalhista, descobri que não iria sucedê-lo como vice-primeira-ministra!

Se um dos homens tivesse conquistado a vice-liderança, isso teria acontecido? Eles teriam tolerado isso? Eu duvido. [...]

O Parlamento precisa ser mais diversificado do ponto de vista étnico, mais representativo das pessoas com deficiência e incluir mais pessoas de origem trabalhadora. Na busca pelo progresso, alguns argumentam que a discriminação racial é muito mais cruel e intratável do que a discriminação contra as mulheres. Que as All Women Shortlists discriminam os homens negros. Alguns argumentam que é a classe de origem que importa, acima de tudo. Que as mulheres de classe média tomam o lugar dos homens da classe trabalhadora.

Temos que nos proteger contra o perigo de colocar um tipo de desigualdade contra outro. Lutar entre nós para estabelecer uma hierarquia de desigualdades é contraproducente. Os problemas são diferentes, mas todos importam.

Precisamos fazer da igualdade uma causa comum, e não sucumbir ao 'dividir e governar'. 🙶

Emma Watson
"*HeForShe*"*

Organização das Nações Unidas, Nova York
Setembro de 2014

Emma Watson cresceu interpretando Hermione Granger, a heroína de *Harry Potter*. Quando Ban Ki-moon a apresentou às Nações Unidas em 2014, ele disse: "Você tem empunhado uma varinha mágica em seus filmes… Espero que use sua varinha mágica para acabar com a violência contra as mulheres". Na ausência de uma varinha, Watson usou suas palavras.

O discurso marcou o lançamento da campanha #HeForShe da ONU, que convocou os homens a serem aliados da causa feminista. O discurso foi assistido mais de 6 milhões de vezes no YouTube e, embora a fama de Watson possa ter atraído muitos dos primeiros espectadores, especialmente os mais

---

* "Ele por ela." [N. T.]

jovens, o discurso ganhou notoriedade por causa de sua mensagem clara:

"A igualdade de gênero também é problema seu".

Sua apresentação é moderada e séria, e seu discurso não faz suposições sobre as opiniões de seu público. Ela não está direcionando suas palavras aos já convertidos, está empenhada em persuadir.

Watson disse mais tarde que tinha sido aconselhada a não usar a palavra "feminista" no discurso, mas, percebendo que esse era precisamente o problema, ela se esforçou para explicar de uma maneira cuidadosa por que se autodenomina feminista e o que isso significa.[26] Cuidadosamente, ela faz uma relação de experiências pessoais que a levaram a desafiar os estereótipos de gênero: aos oito anos sendo descrita como mandona, aos 14 sendo sexualizada pela imprensa.

E teve um impacto. Muitas pessoas sentiram que cresceram com Watson, assistindo-a, como nossos filhos fizeram, nos filmes da saga *Harry Potter*. Então, mulheres jovens de todo o mundo viram o discurso e se sentiram capazes de usar a palavra feminista, reivindicando-a como positiva e poderosa. Até Malala, que havia feito campanha publicamente pela educação de meninas por vários anos, disse mais tarde a Watson que havia achado a palavra "feminista" complicada antes de assistir ao discurso: "Hesitei em dizer que sou feminista. Então, depois de ouvir seu discurso, decidi… não há nada de errado em se chamar de feminista".[27]

Jovens atores ou artistas que saltam dos palcos dramáticos para os políticos costumam enfrentar uma reação adversa. Sua fama pode tornar mais difícil para seus oponentes silenciá-los, mas a decisão de falar ainda é assustadora, e seu *status* não os protege do vitríolo* que inevitavelmente se segue. Watson disse o seguinte a respeito do discurso: "[me levou a] um nível de crítica que eu nunca havia experimentado na minha vida, e ao início de uma série de ameaças".[28]

Mas, como ela diz neste discurso, ela se perguntou, como muitas das mulheres desta compilação teriam feito antes e depois:

"Se não eu, quem? Se não agora, quando?".

❝ Hoje estamos lançando uma campanha chamada 'HeForShe'.

---

* Vitríolo é uma palavra que tem origem no latim *vitriolum* e é usada para descrever um ácido sulfúrico concentrado, corrosivo e venenoso, que é frequentemente usado em processos químicos, industriais e de mineração. O termo também é usado metaforicamente para descrever a natureza corrosiva ou destrutiva de certas atitudes ou comportamentos. [N. E.]

Estou entrando em contato com você porque preciso da sua ajuda. Queremos acabar com a desigualdade de gênero – e para isso precisamos que todos estejam envolvidos.

Esta é a primeira campanha desse tipo na ONU: queremos tentar agregar o maior número possível de homens e meninos para serem defensores da igualdade de gênero. E não queremos apenas falar sobre isso, mas garantir que seja tangível.

Fui nomeada Embaixadora da Boa Vontade da ONU Mulheres há seis meses e, quanto mais falo sobre feminismo, mais percebo que lutar pelos direitos das mulheres muitas vezes se tornou sinônimo de ódio aos homens. Se há uma coisa que sei, com certeza, é que isso tem que parar.

Para que conste, o feminismo por definição é: 'A crença de que homens e mulheres devem ter direitos e oportunidades iguais. É a teoria da igualdade política, econômica e social dos sexos'.

Comecei a questionar as suposições baseadas no gênero quando, aos oito anos, fiquei confusa ao ser chamada de 'mandona' porque queria dirigir as peças que faríamos para nossos pais – mas os meninos não eram.

Aos 14 anos comecei a ser sexualizada por certos veículos de imprensa.

Aos 15, minhas amigas começaram a abandonar suas equipes esportivas porque não queriam parecer 'musculosas'.

Aos 18 anos, meus amigos homens eram incapazes de expressar seus sentimentos.

Decidi que era feminista e isso parecia descomplicado para mim. Mas minha pesquisa recente me mostrou que 'feminismo' se tornou uma palavra impopular. Aparentemente, estou entre as fileiras de mulheres cujas expressões são vistas como muito fortes, muito agressivas, isoladoras, anti-homens e pouco atraentes.

Por que a palavra é tão desagradável?

Eu sou da Grã-Bretanha e acho certo que, como mulher, receba o mesmo que meus colegas homens. Acho que devo poder tomar decisões sobre meu próprio corpo. Acho certo que as mulheres se envolvam, em meu nome, nas políticas e na tomada de decisões do meu país. Acho certo que eu seja socialmente tão respeitada quanto os homens. Mas, infelizmente, posso dizer que não existe nenhum país no mundo onde todas as mulheres possam esperar receber esses direitos.

Nenhum país do mundo pode dizer que alcançou a igualdade de gênero.

Considero esses direitos humanos, mas sou uma das sortudas. Minha vida é um privilégio absoluto, porque meus pais não me amaram menos por eu ter nascido menina. Minha escola não me limitou porque eu era uma menina. Meus mentores não presumiram que eu iria menos longe porque poderia dar à luz uma criança um dia. Esses influenciadores foram os embaixadores da igualdade de gênero que fizeram de mim quem eu sou hoje. Eles podem não saber, mas são os feministas inadvertidos que estão mudando o mundo hoje. E precisamos de mais desses.

E se você ainda odeia a palavra – não é a palavra que é importante, mas a ideia e a ambição por trás dela. Porque nem todas as mulheres têm os mesmos direitos que eu. Na verdade, estatisticamente, pouquíssimas têm.

Em 1995, Hillary Clinton fez um famoso discurso em Pequim sobre os direitos das mulheres. Infelizmente, muitas das coisas que ela queria mudar ainda são realidade.

Mas o que mais se destacou, para mim, foi que apenas 30% de seu público era masculino. Como podemos realizar mudanças no mundo quando apenas metade dele é convidada ou se sente bem-vinda para participar da conversa?

Homens, eu gostaria de aproveitar esta oportunidade para estender um convite formal. A igualdade de gênero também é problema seu.

Porque, até hoje, eu vi o papel do meu pai como pai sendo menos valorizado pela sociedade, apesar de eu precisar de sua presença, quando criança, tanto quanto da minha mãe. Já vi jovens sofrendo de doenças mentais, incapazes de pedir ajuda, por medo de que parecessem menos 'machos' – na verdade, no Reino Unido, o suicídio é o maior assassino de homens entre 20 e 49 anos, ultrapassando acidentes rodoviários, câncer e doenças coronárias. Já vi homens frágeis e inseguros por uma noção distorcida do que constitui o sucesso masculino. Os homens também não têm os benefícios da igualdade.

Não costumamos falar sobre os homens serem aprisionados por estereótipos de gênero, mas posso ver que eles estão e que, quando forem livres, as coisas vão mudar para as mulheres como uma consequência natural. Se os homens não precisarem ser agressivos para serem aceitos, as mulheres não se sentirão obrigadas a ser submissas. Se os homens não precisarem controlar, as mulheres não precisarão ser controladas.

Homens e mulheres devem se sentir livres para serem sensíveis. Homens e mulheres devem se sentir livres para serem fortes ... É hora de todos percebermos o gênero em um espectro, não como dois conjuntos opostos de ideais.

Se pararmos de nos definir pelo que não somos e começarmos a nos definir pelo que somos, todos poderemos ser mais livres, e é disso que se trata o HeForShe. É uma questão de liberdade.

Eu quero que os homens assumam esse manto. Assim, suas filhas, irmãs e mães podem ser livres de preconceitos, mas também para que seus filhos tenham permissão para serem vulneráveis e humanos – recuperem aquelas partes de si mesmos que abandonaram e, ao fazê-lo, sejam uma versão mais verdadeira e completa de si mesmos.

Você pode estar pensando, quem é essa garota de Harry Potter? E o que ela está fazendo no palco da ONU? É uma boa pergunta e, acredite em mim, eu tenho me perguntado a mesma coisa. Não sei se sou qualificada para estar aqui. Tudo que sei é que me importo com esse problema. E eu quero ajudar a resolvê-lo.

E tendo visto o que vi – e dada a oportunidade –, sinto que é meu dever dizer algo. O estadista inglês Edmund Burke disse: 'Tudo o que é necessário para as forças do mal triunfarem é que os homens e mulheres de bem não façam nada'.

Em meu nervosismo por este discurso e em meus momentos de dúvida, perguntei a mim mesma, com firmeza – se não eu, quem? Se não agora, quando? Se tiver dúvidas semelhantes quando as oportunidades forem apresentadas a você, espero que essas palavras possam ser úteis.

Porque a realidade é que, se não fizermos nada, levará 75 anos, ou quase cem, para que as mulheres possam receber o mesmo que os homens pelo mesmo trabalho. Quinze milhões e meio de meninas se casarão nos próximos dezesseis anos ainda crianças. E nas taxas atuais, todas as meninas africanas rurais receberão uma educação secundária apenas em 2086.

Se você acredita em igualdade, pode ser um daqueles feministas inadvertidos de que falei antes.

E por isso eu aplaudo você.

Estamos lutando por uma palavra de união, mas a boa notícia é que temos um movimento de união. É chamado HeForShe. Estou convidando você a dar um passo à frente, a ser visto falando, a ser o 'ele' para 'ela'. E a se perguntar: se não eu, quem? Se não agora, quando? "

Jo Cox
"Mais em comum"

Câmara dos Comuns
Junho de 2015

Jo Cox amava a vida, que agarrou, abraçou, embalou e tornou mais alegre para quem a conhecia. Ela era uma amiga, e por apenas 12 meses antes de morrer, ela foi uma colega – uma colega MP de West Yorkshire, eleita por sua cidade natal, Batley. Esta introdução é difícil de escrever.

Apaixonada, criativa, enérgica e engraçada, Jo não fazia nada pela metade. Ela se atirou em problemas complicados, fez amigos, juntou as pessoas e corajosamente assumiu causas difíceis. Em pouco tempo no Parlamento, causou um grande impacto, valendo-se de sua experiência como trabalhadora humanitária internacional para pressionar o governo por apoio humanitário à Síria e desenvolver um trabalho interpartidário para combater a solidão.

É do riso dela que eu mais me lembro – disso e do seu amor feroz por sua família, especialmente pelos dois filhos pequenos. Jo adorava qualquer chance de dar uma festa, para aproximar pessoas ou fazer novos amigos.

O discurso de estreia de Jo foi um clássico do gênero – uma homenagem ao seu antecessor, uma celebração de seu eleitorado, um pouco de histórico, um pouco de pessoal, um pouco de político: ela nos leva em uma jornada que vai da Fox Biscuits ao peixe com fritas e ao *curry*.

No entanto, o enquadramento do discurso é um pensamento importante que reflete a filosofia central de Jo e que se provou dolorosamente presciente. Enquanto descrevia as diversas comunidades que compõem o eleitorado de Batley e Spen, ela disse: "Estamos muito mais unidos e temos muito mais em comum do que aquilo que nos divide".

Em 16 de junho de 2016, no auge da campanha do referendo do Brexit, Jo foi morta a caminho do atendimento aos eleitores de seu distrito por um extremista de direita.

Todos nós a perdemos muito cedo. Naquela noite, muitos de nós nos reunimos na Igreja de São Pedro em Birstall – amigos, vizinhos, constituintes – para sofrer juntos. E Jo estava certa. Pessoas vieram de diversas comunidades para compartilhar o amor comum por ela e sua família, nosso horror e angústia pelo que tinha acontecido e nossa profunda tristeza pelo que havíamos perdido.

Depois da morte de Jo, seus amigos e familiares criaram uma fundação em seu nome para promover suas causas e valores, incluindo uma comissão focada em solidão, apoiada pelo governo, para ajudar aqueles que precisam de companhia ou amigos, e apoio aos Capacetes Brancos*, que salvam vidas na Síria.

Ainda em memória a Jo, e talvez de forma mais poderosa, eles criaram o Great Get Together – um fim de semana em que comunidades em todo o país se reúnem para lutar contra o ódio que matou Jo e lembrar o que todos temos em comum, em vez disso.

❝ Obrigada, senhor presidente. É um grande privilégio ser chamada para fazer o meu discurso inaugural neste que é o mais importante dos pódios, e parabenizo muitos outros que, hoje, fizeram um discurso inaugural notável.

[...]

Batley e Spen é uma junção de cidades e vilarejos tipicamente independentes, práticos e orgulhosos de Yorkshire. Nossas comunidades foram profundamente reforçadas pela imigração, seja de católicos irlandeses, seja de muçulmanos de Gujarat, na Índia, ou do Paquistão, principalmente da Caxemira.

Enquanto celebramos nossa diversidade, o que sempre me surpreende ao circular pelos eleitores é

---

* A Defesa Civil Síria, também conhecida como Capacetes Brancos, é uma ONG que opera na Síria, em áreas controladas pelas forças de oposição ao governo, no contexto da Guerra Civil. [N. T.]

que somos muito mais unidos e temos muito mais em comum do que aquilo que nos divide.

Meu círculo eleitoral também abriga a Fox's Biscuits e a Lion Confeitaria[*], então tenho certeza de que você não achará uma indulgência, senhor presidente, se eu descrever Batley e Spen como um círculo eleitoral com um coração industrial envolto em uma paisagem muito rica – geográfica, histórica e culturalmente – e agradável de Yorkshire.

O espírito de inconformismo é tão predominante agora em minha parte de West Yorkshire como era na época de meus dois predecessores imediatos, Mike Wood e Elizabeth Peacock. Ambos eram conhecidos por trabalhar de forma independente e não conformista, embora de maneiras muito diferentes. Pretendo manter essa tradição estabelecida, mas ao meu estilo.

Claro, Batley é uma cidade que envia parlamentares trabalhistas a este lugar há quase cem anos. É claro que um deles, o Dr. Broughton, é famoso por ter derrubado um governo, então, respeitosamente, deixo aos honoráveis membros na bancada oposta um aviso prévio.

---

[*] Duas importantes fabricantes de biscoitos e doces do Reino Unido. [N. T.]

O Vale de Spen tem uma história política muito mais complicada, enviando alternadamente parlamentares trabalhistas e conservadores aqui para Westminster durante grande parte do século XX. Nada me deixou mais orgulhosa, no dia 8 de maio, do que ser enviada a este lugar com uma maioria trabalhista aumentada, provando, mais uma vez, que na minha área o inconformismo é o que fazemos de melhor.

Como já mencionei, fazemos coisas em Batley e Spen agora, assim como fizemos ao longo da história. Batley e Spen têm uma grande proporção de pessoas trabalhando na manufatura, e podemos nos orgulhar de toda a gama de indústrias, incluindo engenharia de precisão altamente qualificada. Fabricamos de tudo, de camas a biscoitos, de tapetes a tornos. Temos também alguns dos melhores peixes com fritas do país, e alguns dos melhores curries do mundo.

No entanto, o que falta em muitas de nossas empresas é confiança: confiança para expandir; confiança para pedir emprestado; confiança para crescer; e a confiança para fomentar uma recuperação econômica real, que beneficie a todos, oferecendo empregos decentes, pagando salários decentes e preenchendo a lacuna de competências.

A chave para reverter essa situação é uma mudança fundamental de atitude em relação à regeneração econômica regional. É hora de dar às regiões da cidade e do condado os poderes e recursos de que precisam para promover o crescimento, e terei prazer em trabalhar com todos aqueles que estão genuinamente comprometidos em construir uma potência econômica no norte.

Essa agenda deve ter em seu centro o compromisso de conectar cidades e vilarejos em distritos como o meu a centros urbanos prósperos, e entregar uma oferta financeira no próximo orçamento de julho que dê a essa meta digna uma chance real de sucesso.

O povo de Yorkshire não é idiota: falar sobre devolver o poder a cidades e regiões, e ao mesmo tempo privá-lo de recursos e submeter conselhos do norte, como Kirklees, aos mais severos cortes, não é compatível com um compromisso digno de tornar o norte uma usina de força para impulsionar o crescimento e a prosperidade.

As empresas do meu círculo eleitoral querem ajudar a resolver a inadequação das competências em nível local, que deixa os empregadores com falta de pessoal e os jovens sem emprego. Eles querem acesso a fontes confiáveis de financiamento, incluindo uma rede de bancos locais.

Eles querem se conectar a uma infraestrutura regional que funcione para eles, não aumentos de mais de 126% nos preços dos trens e atrasos intermináveis em projetos importantes de transporte, como a eletrificação da linha de Manchester a Leeds.

Muitas empresas em Yorkshire desejam a segurança e a estabilidade da continuidade da Grã-Bretanha na União Europeia, uma causa que espero defender apaixonadamente neste e em outros lugares.

A questão principal é: as ações do governo corresponderão à retórica da potência do norte? A HS2* não é a única questão complexa. Existem dois desafios maiores. Em primeiro lugar, o governo realmente delegará todos os poderes e decisões que podem e devem ser tomadas local e regionalmente? Meu teste será este: se houver uma razão convincente para que esta seja uma decisão nacional, então que seja; se não, deve ser devolvida.

Em segundo lugar, o governo realmente tomará toda a gama de suas decisões – em transporte, pesquisa e desenvolvimento, planejamento, educação e capacitação – no interesse de reequilibrar a economia e fazer crescer o norte?

Eu sou nascida e criada em Batley e Spen, e tenho muito orgulho disso.

---

* High Speed 2 (HS2) é uma ferrovia de alta velocidade planejada no Reino Unido, com sua primeira fase em construção e as próximas etapas aguardando aprovação. [N. T.]

Tenho orgulho de ter crescido em Yorkshire e tenho orgulho das coisas que fazemos em Yorkshire. A Grã-Bretanha também deveria se orgulhar disso.

Estou ansiosa para representar o grande povo de Batley e Spen aqui pelos próximos cinco anos. 99

Yvette Cooper
"Grã-Bretanha, temos que fazer a nossa parte"

Londres
Setembro de 2015

Passei o verão de 2015 proferindo discursos. Mas este era diferente.

Estávamos no meio da eleição para a liderança trabalhista. Como uma dentre os quatro candidatos, eu tinha viajado pelo país em um ciclo interminável de assembleias, entrevistas na mídia, comícios e eventos comunitários que envolviam dar palestras sobre desigualdade, creches, serviços públicos e o futuro do nosso partido. Quase nenhum de nós parou para respirar. A maioria de nossos atos e discursos envolvia ataques ao governo conservador, ideias sobre o futuro do Partido Trabalhista ou divergências políticas entre nós.

Então, em 27 de agosto, uma história profundamente perturbadora chegou ao noticiário. A polícia austríaca abriu um caminhão que estava no acostamento de uma autoestrada por vários dias. Eles encontraram 71 pessoas da Síria, do Iraque e do Afeganistão – incluindo um bebê e uma menina de sete anos – sufocadas lá dentro. Eles foram trancados lá por traficantes de pessoas que exploraram seu desespero para fugir da perseguição e do conflito e encontrar uma vida melhor.

Ao longo daquele ano, a crise dos refugiados sírios aumentou – 8 milhões de pessoas já haviam sido forçadas a deixar suas casas. O Líbano acabara de fechar sua fronteira, já tendo acolhido mais de um milhão de refugiados. Os acampamentos na Turquia e na Jordânia estavam ficando cada vez mais lotados. Traficantes e gangues de contrabandistas estavam ganhando dinheiro com a miséria. As coisas estavam se tornando cada vez mais instáveis e vidas estavam em risco. As pessoas estavam embarcando em pequenos barcos – botes frágeis – para cruzar o Mediterrâneo. Mas os governos britânico e europeu pareciam não ter ideia de como responder. Era um problema no qual eu havia trabalhado muito no ano anterior, mas naquele verão meu foco estava em outro lugar, até aquela história do caminhão austríaco. Achei difícil parar de pensar nas famílias embaladas em recipientes lacrados lutando para respirar. E sobre os carros de passageiros, turistas, comerciantes, todos passando zunindo, sem perceber enquanto as pessoas morriam. Eu sabia que tinha de dizer algo.

Eu sabia que precisávamos pressionar o governo britânico e os demais governos europeus a agirem.

Àquela altura, a campanha pela liderança chegava ao fim. Jeremy Corbyn já estava bem à frente, mas todos ainda tínhamos um perfil e uma plataforma, e a oportunidade de serem ouvidos. Então, cancelei meus planos anteriores e comecei a escrever este discurso. Tinha que ser diferente dos outros. Em vez de atacar o governo ou desafiar os outros candidatos, eu sabia que tínhamos que tentar construir algum consenso sobre a ação necessária para que a Grã-Bretanha pudesse desempenhar seu papel. Eu não esperava que fosse fácil.

Frequentemente, o debate confundia a imigração com o asilo. E eu não queria que divergências legítimas sobre as diferentes regras de imigração para empregos ou estudantes obscurecessem a ajuda àqueles que fugiam da perseguição.

Porém, ao contrário de outros discursos que escrevi, este praticamente se escreveu sozinho. Eu sabia o que queria dizer e a quem queria persuadir. Eu queria apelar a todos, em todas as partes, para que ajudassem – para que fizessem disso um esforço comum. Eu sabia que isso não aconteceria se fosse politizado; precisávamos de consenso. Incluí uma longa lista de políticas que julguei necessárias em países de todo o mundo que trabalham juntos – desde ações contra gangues de traficantes até ajuda a campos de refugiados no Oriente Médio. Queria mostrar que era sensato e administrável, que nosso país já havia feito isso antes. E, acima de tudo, queria apelar ao melhor de nós, ao melhor de ser britânico.

Eu também sabia que, para acordar as pessoas, não poderia evitar a questão mais difícil, e tinha que quantificar os refugiados que a Grã-Bretanha reassentaria. Então, pedi aos conselhos que apresentassem sugestões e propus 10 mil ao longo de um ano – o número de refugiados que poderíamos reassentar se cada cidade ou condado ajudasse dez famílias. Eu esperava uma reação negativa e, claro, houve uma, on-line. Mas, principalmente, fiquei impressionada com o nível de apoio de todo o país e de todo o espectro político.

No dia seguinte, em 3 de agosto de 2015, uma foto chocante foi divulgada. O corpo de uma criança fora carregado, pelas ondas, até uma praia turca. Aylan Kurdi, de apenas quatro anos, havia se afogado com sua mãe quando o bote em que estavam afundou. Enquanto todos olhávamos para a foto de um menino de shorts e tênis, deitado, sem vida, na praia, o clamor por ação aumentou de repente.

Inicialmente, o governo disse que não era possível para a Grã-Bretanha reassentar mais refugiados, mas a pressão pública e política cresceu e, à medida que os governos escocês e galês, e conselhos locais de todos os partidos políticos, se ofereceram para ajudar, o mesmo aconteceu com instituições de caridade e grupos religiosos. O impensável, de repente, se tornou possível. Quatro dias depois, o primeiro-ministro David Cameron anunciou que a Grã-Bretanha ofereceria vagas para 20 mil refugiados sírios nos próximos anos. Desde então, conheci muitas famílias sírias em todo o país que estão reconstruindo suas vidas aqui na Grã-Bretanha; famílias sendo bem recebidas pelas comunidades locais, levando seus filhos de volta às escolas, aprendendo inglês, começando a trabalhar. O esquema de reassentamento da Grã-Bretanha ainda é limitado em comparação ao de muitos outros países, mas para essas famílias desesperadas ele lhes devolveu um futuro.

Nos últimos 20 anos, fiz muitos discursos sobre questões importantes – discursos em conferências do Partido Trabalhista, para grandes multidões, sobre habitação ou policiamento, discursos na Sociedade Fabiana* sobre o futuro do trabalho ou os desafios que nossas cidades enfrentam, discursos ministeriais anunciando legislação para acabar com a pobreza infantil ou para o lançamento do Sure Start** e debates parlamentares sobre casamento igualitário, imigração ou Brexit. De todos esses discursos, escolhi

---

* Associação fundada em Londres, em 1884, que propunha como finalidade institucional o desenvolvimento da classe operária para torná-la apta a assumir o controle dos meios de produção. [N. T.]
** Sure Start é um programa voltado para pais e crianças menores de quatro anos que vivem nas áreas mais desfavorecidas. Os projetos Sure Start oferecem uma ampla variedade de serviços que são projetados para apoiar as habilidades de aprendizagem das crianças, saúde e bem-estar e desenvolvimento social e emocional. [N. T.]

este, não por ser o que julgo mais bem-escrito, ou mesmo por ser, comparado aos discursos ministeriais, o que mais afetou vidas. Escolhi porque foi um ponto de virada – o seu significado estava em seu momento, e não em minha oratória. Foi a trágica foto de Aylan Kurdi, no dia seguinte, que chocou a todos. Mas espero que este discurso tenha ajudado a moldar a resposta nacional e auxiliado o governo a fazer a coisa certa – espero que tenha ajudado a reforçar o poder de uma imagem com o poder das palavras.

> No acostamento de uma estrada austríaca, havia um caminhão com um logotipo na lateral. Projetado para transportar 'produtos originais da Eslovênia' – presunto e frango. Em um congelador selado. Dentro, 71 corpos.
>
> Setenta e uma pessoas. Aparentemente, vindas da Síria. Famílias. Crianças. Uma menina de apenas dois anos. Devem ter viajado pela Turquia ou Grécia, pelos Bálcãs, Hungria; muitos dias de viagem por estrada.
>
> Talvez eles tenham vindo de Homs, onde há apenas algumas semanas duzentos homens, mulheres e crianças inocentes foram sequestrados pelo ISIL*. Talvez tenham vindo de acampamentos onde

---

* Estado Islâmico do Iraque e do Levante, organização jihadista islamita de orientação salafita e wahabita criada após a invasão do Iraque em 2003. [N. T.]

milhares estão vivendo em tendas no deserto, sem água corrente, escola adequada ou cuidados médicos.

Quem sabe quanto pagaram aos traficantes que os colocaram no caminhão, fecharam a porta do congelador e partiram, enquanto morriam sufocados. Uma história verdadeiramente terrível. E ainda mais terrível porque não é única.

Apenas dois dias depois, três crianças foram encontradas à beira da morte por desidratação na parte de trás de uma minivan lotada. Cinquenta e duas pessoas foram encontradas mortas no casco de um barco; espancadas pelos contrabandistas em um porão sem ar; obrigadas a pagar, em dinheiro, pelo direito de subir para respirar. Aqueles que não puderam sufocaram até a morte. Cem pessoas foram encontradas afogadas, presas no porão de um barco virado.

Mesmo na nossa porta, nove pessoas morreram nos últimos três meses tentando atravessar de Calais para Dover – presas nas cavas das rodas de caminhões, esmagadas pulando em trens em alta velocidade ou eletrocutadas em linhas de energia. Histórias terríveis de tragédia, tortura, desespero.

Mas as histórias trágicas não são apenas sobre aqueles que morreram. Há milhões de pessoas que perderam suas casas e agora buscam desesperadamente santuário ou estabilidade para reconstruir suas vidas. A mãe exausta segurando desesperadamente a cabeça de seu bebê acima das ondas. As crianças que não estudam há meses. Os ex-professores, funcionários de escritório, donos de lojas, empresários – agora refugiados, dormindo em estações de ônibus, pagando gangues para transportá-los à noite.

Esta se tornou uma crise humanitária em uma escala que não víamos em nosso continente desde a Segunda Guerra Mundial. No entanto, parecemos paralisados para responder. Presos na problemática política de imigração quando se trata de asilo. Empacados, tratando a imigração e o asilo como a mesma coisa, quando são completamente diferentes – e devemos mantê-los assim. Presos em disputas sobre vistos de estudante, trabalho ilegal ou trabalhadores de agências europeias, quando nada disso tem a ver com refugiados. Apegados às discussões apenas sobre 'migrantes', quando deveríamos nos referir a pais, filhos, irmãs, irmãos, filhas, mães. Presos na covardia política, que pressupõe que a inquietação dos eleitores britânicos sobre a imigração significa que eles não perdoarão ninguém que clame por refúgio – mesmo que nossa nação tenha dado abrigo aos perseguidos por séculos...

E não somos apenas nós. Toda a Europa está lutando para responder. Não podemos continuar assim. É imoral, é covarde e não é o jeito britânico. Centenas de milhares de refugiados estão fugindo de um novo totalitarismo e a Europa tem de ajudar – tal como fizemos nas gerações anteriores. Devemos ser fortes e resilientes o suficiente para enfrentar o desafio, não virar as costas. Mas só podemos fazer isso juntos.

Portanto, não vou fazer o discurso político normal, como ministra do Interior sombra* ou como candidata à liderança trabalhista – atacar o governo e definir uma resposta trabalhista alternativa. Porque não quero atacar outros por causa disso, quero persuadir todos.

Não quero que seja uma disputa político-partidária porque quero que nosso governo britânico mostre liderança agora – e quero que o Partido Trabalhista, todos os partidos, cidades, vilas e comunidades em todo o país os apoiem quando o fizerem.

---

* A Official Opposition Shadow Cabinet, ou Gabinete Sombra da Oposição Oficial (usualmente conhecido como Gabinete Sombra), é o Gabinete paralelo do Reino Unido, e, portanto, na prática parlamentar britânica, formado por membros seniores da Lealíssima Oposição de Sua Majestade que atuam como escrutinadores que verificam seus titulares de cargos correspondentes no Governo, desenvolvendo políticas alternativas, e pressionando o Governo para explicar suas ações públicas. [N. T.]

[...] Podemos tornar possível que nosso governo faça o que é certo. Mas, para isso, temos que nos manifestar. [...]

De acordo com a ONU, trezentas mil pessoas tentaram cruzar o Mediterrâneo nos últimos oito meses. Pelo menos 2.600 morreram – afogaram-se ou sufocaram durante a viagem. [...] A ONU estima que mais da metade das pessoas que cruzam o Mediterrâneo são da Síria. [...] O que leva muitos à fuga é um novo totalitarismo de nosso tempo; do ISIL e dos extremistas islâmicos – uma doutrina que promove a violência aterrorizante em nome da ideologia... Temos a responsabilidade moral de fazer a nossa parte para ajudar aqueles que fogem para sobreviver.

Também temos a responsabilidade de impedir o abuso contra os direitos humanos no nosso continente – de parar as gangues criminosas, os traficantes de escravos modernos que operam na Europa, que estão conduzindo muitas das viagens desesperadas, as condições terríveis e os abusos e mortes. É uma violação impiedosa dos direitos humanos básicos que lutamos nas guerras anteriores para defender. E temos a responsabilidade de garantir que haja segurança, proteção e ordem, tanto em nossas fronteiras quanto no sistema de asilo, ou a confiança pública não será mantida. Não podemos continuar assim.

Não podemos permitir que a política do medo e da culpa nos paralise e deixe esta crise humanitária continuar. É hora de agir. [...]

Em primeiro lugar, precisamos de coordenação e distribuição mais inteligentes da ajuda da União Europeia para prevenir a escalada das viagens e do tráfico – apoiando as pessoas na região para que no final possam regressar às próprias casas. [...]

Em segundo lugar, precisamos de medidas mais fortes e eficazes contra o vil tráfico de pessoas – para resgatar as pessoas em risco e deter as gangues criminosas. [...] São necessários mais controles de segurança e proteção. [...]

Terceiro, precisamos de grandes investimentos em avaliações de asilo e imigração – incluindo centros estabelecidos no estrangeiro e na fronteira europeia. [...]

Em quarto lugar, e talvez o mais difícil de tudo, precisamos que todos os países europeus se inscrevam para acolher aqueles que concordaram em solicitar refúgio ou asilo.

[...] Precisamos que cada país apresente urgentemente sua própria avaliação de quanto apoio pode fornecer – e nós, na Grã-Bretanha, precisamos fazer a nossa parte. [...]

Como país, temos uma longa e orgulhosa história de ajuda aos necessitados. Na década de 1680, cinquenta mil huguenotes subiram a bordo de barcos em La Rochelle [com destino à Inglaterra] para escapar da perseguição pelo Estado francês. Duzentos anos depois, mais de 140 mil refugiados seguiram para a Grã-Bretanha escapando da opressão do czar russo. Na década de 1930, apesar da recessão e das dificuldades, acolhemos mais de oitenta mil refugiados judeus e europeus. Nos anos 1990, recebemos refugiados da Bósnia.

Este ano, perdemos Sir Nicholas Winton – o homem que ajudou a organizar o Kindertransport... para oferecer refúgio às crianças judias da Alemanha e do território ocupado pelos nazistas. [...] Em nove meses, dez mil crianças de toda a Alemanha, Áustria, Tchecoslováquia e Polônia vieram para o Reino Unido. Dez mil.

O que estamos fazendo agora?

Nosso país se recusou a receber refugiados do Mediterrâneo, se recusou a receber mais de algumas centenas de refugiados sírios vulneráveis diretamente dos campos como parte do programa da ONU. Apenas 240 vieram. E nosso país até devolveu refugiados sírios a outros países europeus que já estão recebendo muito mais refugiados, simplesmente porque passaram por esses países primeiro. [...] Como podemos ter orgulho de nossa história de ajudar aqueles que fugiram do conflito se nossa geração deu as costas?

Portanto, é hora de perguntar às cidades, vilas e comunidades o quanto cada uma pode fazer para ajudar. Se cada cidade recebesse dez famílias de refugiados, se cada distrito de Londres recebesse dez famílias, se cada conselho municipal recebesse dez famílias, se a Escócia, o País de Gales e todas as regiões inglesas fizessem sua parte, então, em um mês, teríamos quase 10 mil lugares a mais para vulneráveis refugiados fugindo do perigo, em busca de segurança. Dez mil, em vez de 200. [...]

Precisamos ser capazes de olhar nos olhos de nossos avós e dizer que enfrentamos os desafios e as responsabilidades de nosso tempo, assim como eles enfrentaram os deles. E precisamos ser capazes de olhar nos olhos de nossos netos e dizer que não viramos as costas. [...] Na recessão dos anos 1930, a Grã-Bretanha não apenas abriu seus corações para os dez mil filhos do Kindertransport, mas também nossas casas. É essa força de compaixão que torna a Grã-Bretanha grande.

É por isso que, hoje, estou pedindo ao ministro do Interior que mude a política. Estou pedindo ao primeiro-ministro que mostre liderança, e prometo meu apoio, se ele o fizer. Estou pedindo ao Parlamento que o apoie. Estou pedindo que a Escócia e o País de Gales concordem. Estou pedindo aos conselhos que ofereçam lugares. Estou pedindo às comunidades que ofereçam ajuda. Estou pedindo a grupos religiosos e instituições de caridade que mostrem o caminho. Estou pedindo às organizações em campanha que mobilizem apoio. Estou pedindo a todos que façam a sua parte, seja grande ou pequena.

A verdade é que realmente não estou pedindo muito. Estou pedindo que façamos algo que já fizemos antes. Algo que faremos novamente. Para ajudar aqueles que precisam de nós.

Estou pedindo à Grã-Bretanha que seja a Grã-Bretanha. **"**

Michelle Obama
"Quando eles jogam baixo, nós nos destacamos"

Convenção Nacional do Partido Democrata, Filadélfia
Julho de 2016

A presidência de Barack Obama será lembrada por sua oratória eloquente e autêntica. Grande parte foi proferida pelo presidente, mas os discursos de Michelle como primeira-dama às vezes eram ainda mais poderosos.

Seus discursos sempre pareceram imensamente pessoais e naturais. Ela fala com uma combinação maravilhosa de graça, compaixão e autoridade, e parece tão relaxada discursando quanto conversando com amigos e familiares. Excepcionalmente, ela consegue parecer muito calorosa e incrivelmente legal, tudo ao mesmo tempo – e tudo isso transparece em sua oratória.

Recordando o início de sua presidência neste discurso durante a campanha para as eleições presidenciais de 2016, ela nos contou sobre suas filhas, mas depois falou sobre o futuro delas e dos filhos de todos. Ela mudou, sem esforço, do pessoal para o político. Há um momento na narrativa em que a história do "eu", a história de sua família, se transforma na história do "nós", a história da nação. É incrivelmente poderoso.

> "Essa é a história deste país. A história que me trouxe ao palco esta noite. A história de gerações de pessoas que sentiram o açoite da escravidão, a vergonha da servidão, a ferroada da segregação, que continuaram lutando, esperando e fazendo o que precisava ser feito. Tanto que hoje eu acordo todas as manhãs em uma casa que foi construída por escravos. E eu vejo minhas filhas, duas lindas, inteligentes, jovens negras, brincando com seu cachorro no gramado da Casa Branca."

Os redatores dos discursos de Obama tentaram alcançar esse tipo de narrativa pessoal e política ao longo de seu tempo na Casa Branca – neste caso, foi a entrega muito pessoal e sincera de Michelle Obama que o tornou tão comovente.

Mas não deve ter sido fácil para a família. Muitos de nós, em posições muito menos expostas na política, tivemos que pensar muito sobre como proteger nossos filhos.

Ed e eu sempre tentamos mantê-los fora das fotos e evitamos contar suas histórias, mesmo quando parecia muito mais humano e natural falar sobre eles. Mas quando você é a primeira família dos Estados Unidos da América, não tem essa privacidade, nem essa escolha. Sendo assim, tanto Barack quanto Michelle Obama tiveram uma linha difícil a traçar – valer-se de suas experiências familiares para contar histórias poderosas, mas, com graça e dignidade, mantendo algum espaço privado para suas filhas também crescerem.

Essa dignidade – tão forte no discurso e na entrega de Michelle Obama – estava em total contraste com o clima da campanha eleitoral presidencial de Clinton-Trump de 2016, cheia de vitríolo e veneno. O debate político se tornou degradado, com discussões no Twitter e insultos pessoais, e não poderia ter havido uma resposta mais oportuna do que este discurso.

O apoio de Michelle Obama a Hillary Clinton é explícito e forte. E ela faz uma crítica clara e cortante à presidência de Trump, sem nunca o mencionar pelo nome. Nesse ponto da campanha, as multidões nos comícios de Trump estavam regularmente pedindo que Hillary Clinton fosse presa ou amarrada – a misoginia era chocante.

Este discurso foi uma forte resposta moral à degradação da política, mas também um apelo mais amplo à decência na democracia e que superou, em muito, a campanha presidencial de 2016. Em um momento em que a política em muitos países – incluindo o que acontece nas redes sociais – parece se tornar mais polarizada, mordaz e abusiva, as palavras de Michelle Obama são uma lição sobre como restaurar a decência e a graça.

Como ela disse em sua fala mais memorável:

"Quando eles jogam baixo, nós nos destacamos".

❝ É difícil acreditar que já se passaram oito anos desde que vim pela primeira vez a esta convenção para falar com vocês sobre por que pensei que meu marido deveria ser presidente. Lembram-se de como falei sobre seu caráter e sua convicção? Sua decência e graça? As características que vimos todos os dias enquanto ele servia ao nosso país na Casa Branca.

Também contei a vocês sobre nossas filhas, como elas são o coração de nossos corações, o centro de nosso mundo, e durante nosso tempo na Casa Branca tivemos a alegria de vê-las crescer de garotinhas animadas para moças equilibradas. Uma jornada que começou logo depois de chegarmos a Washington, quando elas partiram para o primeiro dia em sua nova escola.

Jamais esquecerei aquela manhã de inverno, enquanto observava nossas meninas, de apenas sete e dez anos, entrarem naqueles SUVs pretos, com todos aqueles homens grandes armados. E eu vi seus rostinhos pressionados contra a janela, e a única coisa que pude pensar foi: 'O que foi que nós fizemos?'.

Naquele momento, percebi que nosso tempo na Casa Branca formaria a base de quem elas se tornariam. E o quão bem administrássemos essa experiência poderia realmente moldá-las ou quebrá-las. Era nisso que Barack e eu pensávamos todos os dias, enquanto ele tentava orientar e proteger nossas meninas dos desafios dessa vida incomum sob os holofotes.

Como as exortamos a ignorar aqueles que questionam a cidadania ou a fé de seu pai.

Como insistimos que a linguagem odiosa que ouvem de figuras públicas na TV não representa o verdadeiro espírito deste país.

Como explicamos que quando alguém é cruel ou age como um agressor, você não se rebaixa ao nível dele.

Nosso lema é: quando eles jogam baixo, nós nos destacamos.

A cada palavra que pronunciamos, a cada ação que realizamos, sabemos que nossas filhas estão nos observando. Nós, como pais, somos seus modelos mais importantes.

Deixe-me dizer a vocês, Barack e eu adotamos a mesma abordagem em nossos trabalhos como presidente e primeira-dama, porque sabemos que nossas palavras e ações são importantes, não apenas para nossas meninas, mas para as crianças em todo o país.

Crianças que dizem: 'Eu vi você na TV', 'Escrevi uma redação sobre você para a escola'.

Crianças como o garotinho negro que ergueu os olhos arregalados de esperança para meu marido e perguntou: 'Meu cabelo é como o seu?'.

Não se iludam, neste mês de novembro, quando chegarmos às urnas, é isso que estamos decidindo. Nem democrata nem republicano, nem esquerda nem direita. Nesta eleição, e em todas as eleições, é sobre quem terá o poder de moldar nossos filhos pelos próximos quatro ou oito anos de suas vidas.

Estou aqui esta noite porque, nesta eleição, há apenas uma pessoa a quem confio essa responsabilidade, apenas uma pessoa que acredito ser verdadeiramente qualificada para ser presidente dos Estados Unidos, e essa pessoa é nossa amiga Hillary Clinton.

Confio em Hillary para liderar este país porque tenho visto sua devoção ao longo da vida aos filhos de nossa nação. Não apenas sua própria filha, que ela criou com perfeição, mas todas as crianças que precisam de um exemplo: crianças que andam pelo caminho longo até a escola para evitar as gangues. Jovens que se perguntam como conseguirão pagar uma faculdade. Crianças cujos pais não falam uma palavra de inglês, mas sonham com uma vida melhor; que nos procuram para sonhar com o que elas podem ser.

Hillary passou décadas fazendo o trabalho implacável para realmente fazer a diferença em suas vidas. Advogando por crianças com deficiência como jovem advogada, lutando pela saúde infantil como primeira-dama e por cuidados infantis de qualidade no Senado.

E quando, há oito anos, não foi indicada, não ficou com raiva ou desiludida. Hillary não fez as malas e voltou para casa, porque, como uma verdadeira funcionária pública, sabe que isso é muito maior do que sua própria decepção.

Ela se apresentou orgulhosamente para servir ao nosso país mais uma vez como secretária de Estado, viajando pelo mundo para manter nossas crianças seguras. Houve momentos em que Hillary poderia ter decidido que aquele trabalho era muito difícil, que o preço do serviço público era muito alto, que ela estava cansada de ser provocada por sua aparência, ou por como falava, ou mesmo pelo modo como ria.

Mas é o seguinte: o que mais admiro em Hillary é que ela nunca cede sob pressão. Ela nunca escolhe o caminho mais fácil. E Hillary Clinton nunca desistiu de nada em sua vida.

E quando penso no tipo de presidente que desejo para minhas filhas e todos os nossos filhos, é isso que quero. Quero alguém com força comprovada para perseverar. Alguém que conhece este trabalho e o leva a sério. Alguém que entende que as questões de nossa nação não são preto no branco e não podem ser reduzidas a 140 caracteres. Porque quando você tem os códigos nucleares ao seu alcance e os militares sob seu comando, não pode tomar decisões precipitadas. Você não pode ser sensível ou agressivo. Você precisa ser estável, comedido e bem informado.

Quero um presidente com registro de serviço público. Alguém cujo trabalho de vida mostra a nossos filhos que não buscamos fama e fortuna para nós mesmos; lutamos para dar a todos uma chance de sucesso. E retribuímos, mesmo quando estamos lutando contra nós mesmos, porque sabemos que sempre há alguém em situação pior. E que seu sofrimento é maior.

Quero um presidente que ensine a nossos filhos que todos neste país são importantes. Um presidente que realmente acredite no que nossos fundadores propuseram há tantos anos: que todos nós fomos criados iguais, cada um uma parte amada da grande história americana. Quando a crise chega, não nos voltamos uns contra os outros, nós ouvimos uns aos outros. Apoiamo-nos um no outro. Somos sempre mais fortes juntos.

Estou aqui esta noite porque sei que esse é o tipo de presidente que Hillary Clinton será e é por isso que, nesta eleição, estou com ela.

Vejam, Hillary entende que a presidência se trata de uma coisa, e apenas uma coisa: de deixar algo melhor para nossos filhos. É assim que sempre avançamos neste país: todos nos unindo em nome de nossos filhos. O pessoal que se oferece como voluntário para treinar o time dá aula na escola dominical porque sabe que é preciso muita gente.

Heróis de todas as cores e credos que vestem o uniforme e arriscam suas vidas para transmitir as bênçãos da liberdade; policiais e manifestantes em Dallas que desejam desesperadamente manter nossas crianças seguras; pessoas que fizeram fila em Orlando para doar sangue porque poderia ter sido seu filho, ou sua filha naquele clube. [...]

Líderes como Hillary Clinton, que tem a coragem e a graça de continuar voltando e criando essas rachaduras no teto de vidro mais alto e mais duro até que finalmente o ultrapasse, elevando a todos nós junto com ela.

Essa é a história deste país. A história que me trouxe ao palco esta noite. A história de gerações de pessoas que sentiram o açoite da escravidão, a vergonha da servidão, a ferroada da segregação, que continuaram lutando, esperando e fazendo o que precisava ser feito. Tanto que hoje eu acordo todas as manhãs em uma casa que foi construída por escravos. E eu vejo minhas filhas, duas lindas, inteligentes, jovens negras, brincando com seu cachorro no gramado da Casa Branca.

E por causa de Hillary Clinton, minhas filhas e todos os nossos filhos e filhas agora têm como certo que uma mulher pode ser presidente dos Estados Unidos.

Portanto, nunca deixe ninguém lhe dizer que este país não é grandioso. Que de alguma forma precisamos torná-lo grandioso novamente. Porque este, agora, é o maior país do mundo.

E enquanto minhas filhas se estabelecem no mundo, quero um líder que seja digno dessa verdade, um líder digno da promessa das minhas meninas e de todas as promessas dos nossos filhos. Um líder que será guiado todos os dias pelo amor, esperança e sonhos impossivelmente grandes que todos nós temos para nossos filhos.

Nesta eleição, não podemos sentar e esperar que tudo dê certo; não podemos nos dar ao luxo de ficar cansados, frustrados ou cínicos.

Ouçam-me: entre agora e novembro, precisamos fazer o que fazíamos havia oito e quatro anos. Precisamos bater em todas as portas, precisamos obter todos os votos, precisamos derramar até a última gota de paixão para eleger Hillary Clinton como presidente dos Estados Unidos da América. Vamos ao trabalho. **"**

Donna Strickland
"A física é divertida"

Banquete do Prêmio Nobel, Estocolmo
Dezembro de 2018

A empolgação de Donna Strickland com a física experimental é contagiante. Trinta anos depois de sua descoberta, como estudante de graduação, sobre o poder dos lasers, ela e a equipe com a qual havia trabalhado receberam o Prêmio Nobel de Física. Era apenas a terceira vez que uma mulher recebia o prêmio – e a primeira em 55 anos.

Então, Strickland usou seu momento como centro das atenções do Nobel de maneira brilhante. Este discurso borbulha de energia e paixão – pela maravilha dos lasers, pela diversão de solucionar enigmas, por construir novos brinquedos e pela pura magia da descoberta. É uma tentativa deliberada e eficaz de transmitir a diversão da física e inspirar outros a seguirem o seu caminho.

Ela não fala sobre o enorme impacto de seu trabalho no mundo ou sobre como desenvolveu maneiras de intensificar o poder dos lasers que transformaram procedimentos médicos como a cirurgia ocular. Em vez disso, ela descreve o prazer da viagem – ficar até tarde no laboratório, resolvendo problema após problema, usinando inúmeras peças e, finalmente, criando algo inteiramente novo. Mesmo apenas lendo essas palavras, você pode sentir como aquele momento foi estimulante para ela.

Desde que recebeu o Prêmio Nobel, ela diz que ouviu muitas jovens e meninas declararem que se sentiram inspiradas a buscar educação científica ou carreiras em áreas STEM*.

Eu adorava os enigmas da física na escola – era como tentar descobrir as forças mágicas que mantinham o mundo unido. Mas eu era uma das poucas garotas em uma classe de alunos que escolheram estudar na minha escola abrangente e no sexto ano na década de 1980 – e era fácil ficar desanimada ou me sentir uma estranha. Trinta anos depois, minha filha teve uma experiência semelhante.

Portanto, é brilhante que Strickland tenha se tornado um modelo para meninas em todo o mundo em uma época em que as mulheres estão sub-representadas nos

---

* STEM é a sigla em inglês para Science, Technology, Engineering and Mathematics (Ciência, Tecnologia, Engenharia e Matemática, em português). [N. T.]

campos STEM, e as meninas representam apenas 20% dos alunos de física de nível A no Reino Unido[29] e 20% dos alunos de graduação em física nos Estados Unidos.[30]

Surpreendentemente, 97% dos vencedores do Prêmio Nobel de ciência são homens. Esperançosamente, o trabalho pioneiro e o entusiasmo de Donna Strickland mudarão isso e ajudarão outras mulheres a se divertirem.

> É uma honra representar o Prêmio Nobel de Física em 2018 e falar em nome de Arthur Ashkin e Gérard Mourou, meus estimados colegas, com quem compartilho o prêmio. [...]
>
> Como já foi mencionado, junto-me a Marie Curie e Maria Goeppert Mayer como as únicas mulheres a ganharem este prêmio. Sinto-me humilde por estar na companhia delas. Marie Curie está em uma classe própria, como a primeira mulher vencedora e ainda a única pessoa a ganhar o Prêmio Nobel em duas categorias diferentes de ciências. Uma cientista surpreendente.
>
> Para seu doutorado, Maria Göppert-Mayer, uma física teórica, teve a ideia da física multifótons. Isso significa que um átomo absorve dois ou mais fótons simultaneamente. Ela fez a previsão sem qualquer evidência experimental e, de fato, levaria mais trinta anos antes que alguém observasse o efeito.

Citei sua teoria em minha tese de doutorado, mais de cinquenta anos depois.

E quanto a mim, quando eu estava na pós-graduação, trabalhando no projeto pelo qual Gérard e eu estamos sendo homenageados, Cyndi Lauper lançou um grande sucesso: 'Girls Just Want to Have Fun' [Garotas só querem se divertir]. Mas elas queriam esperar até que a jornada de trabalho acabasse. Quanto a mim, quero me divertir enquanto estou trabalhando. Agora, nem todo mundo acha que a física é divertida, mas eu acho. Eu acho que a física experimental é especialmente divertida, porque você não só consegue solucionar enigmas sobre o universo ou a Terra, mas também tem brinquedos muito legais no laboratório. No meu caso, posso brincar com lasers de alta intensidade, que fazem coisas mágicas, como pegar uma cor de luz laser e transformá-la em um arco-íris de cores. Apenas uma das coisas incríveis que vemos em nossos laboratórios de laser.

Gérard Mourou, que foi meu orientador de doutorado, teve a ideia de aumentar a intensidade do laser em ordens de magnitude. Ele fez isso enquanto estava em uma viagem de esqui com sua família. Ele provavelmente não deveria estar pensando em lasers. Ele simplesmente não conseguia se conter. Era meu trabalho pegar a bela ideia de Gérard e torná-la realidade. Construí uma maca de pulso, depois um amplificador a laser e, finalmente, um compressor de pulso. Para isso, tive que aprender a clivar fibra óptica, usinar muitas peças, fazer muita canalização. Estão sentindo toda a diversão? Tive que medir a duração dos pulsos e o espectro de frequência. Nem todas as medições mostraram o que esperávamos. Tivemos que descobrir os problemas e, em seguida, uma maneira de contorná-los. Essa foi a parte divertida.

Isso tudo demorou cerca de um ano. Então, finalmente chegou a hora de medir a duração dos pulsos comprimidos e amplificados, e eu não tinha como fazer isso. Então, certa noite, Steve Williamson, meu colega, abriu caminho e levou sua câmera para o meu laboratório, e juntos medimos a largura do pulso comprimido dos pulsos amplificados. Eu nunca vou me esquecer daquela noite. É realmente uma sensação incrível quando você sabe que construiu algo que ninguém mais construiu – e que realmente funciona.

Realmente não há empolgação assim... exceto, talvez, acordar às cinco da manhã porque a Academia Real Sueca de Ciências e a Fundação Nobel também acharam que foi um momento emocionante para o campo da física do laser.

Então, em nome de Arthur Ashkin, Gérard Mourou e eu, obrigada à Real Academia Sueca de Ciências e à Fundação Nobel por nos honrar, e à física do laser, por este Prêmio Nobel. **"**

Alexandria Ocasio-Cortez
"Hoje eu me levanto"

Congresso dos Estados Unidos
Janeiro de 2019

Nas eleições de meio de mandato, em novembro de 2018, nos Estados Unidos, mais mulheres se candidataram do que nunca. Uma delas foi Alexandria Ocasio-Cortez.

Um ano antes, AOC – como ela é agora conhecida – trabalhava até dezoito horas por turno em um restaurante mexicano do bairro onde morava. Agora, é o membro mais jovem do Congresso.

Ela já eletrizou a política dos Estados Unidos vencendo as primárias para se tornar uma candidata democrata – contra todas as probabilidades. E desde então vem deliberadamente desafiando as convenções e abalando a tradição. Os seguidores do Instagram a acompanham da Colina do Capitólio à repartição e de volta ao seu apartamento, de onde ela responde a perguntas políticas ao vivo enquanto cozinha o jantar. Quando oponentes da direita tentaram desacreditá-la divulgando um vídeo de 2010 em que aparece dançando, ela respondeu com um vídeo seu dançando em seu gabinete no Congresso.

Seus discursos e aparições em comissões são convincentes. Ela é uma contadora de histórias brilhante e revigorante; faz com que os problemas ganhem vida e as injustiças doam. Ao participar de comissões parlamentares, é criativa e inteligente.

Este discurso é o seu primeiro no Congresso após ter sido eleita. É sobre o impasse entre o presidente Trump e o Congresso em relação ao muro na fronteira com o México, que levou à paralisação do governo federal.

Porém, AOC não começa com um impasse, um muro, um ataque político ou um conflito constitucional. Em vez disso, ela nos conta a história de um de seus constituintes, o Sr. Obed, um homem que não recebe um cheque de pagamento há semanas, mas está trabalhando sem salário para manter os aviões em segurança no céu. A história simples do controlador de tráfego aéreo mostra o quanto está em jogo, e quão chocante e irresponsável é a paralisação do governo.

Em seguida, ela baseia seu argumento acerca da responsabilidade do presidente em uma repetição – "não é normal" parar de pagar as pessoas, tratar os controladores de tráfego aéreo assim, tratar o Sr. Obed assim. É uma mensagem clara, transmitida de forma poderosa.

Mas talvez as palavras mais importantes sejam justamente as primeiras. Tendo feito campanha para entrar no Congresso como uma jovem de menos de 30 anos, oprimida, do Bronx, consciente de que sobre seus ombros estavam as expectativas de milhões de pessoas entusiasmadas e encorajadas por sua ousada campanha, esta foi sua primeira chance de encontrar sua voz na mais poderosa legislatura do mundo.

Em um sinal de que há mais por vir, ela começa: "Hoje me levanto".

> 66 Hoje me levanto para contar a história de um dos meus constituintes, Yahi Obed. O Sr. Obed nasceu no Iêmen e veio para os Estados Unidos quando tinha oito anos. Seu sonho de infância era ser piloto, e ele sabia e sentia que, nos Estados Unidos, tudo era possível, e que seu sonho poderia se tornar realidade.
>
> O sonho do Sr. Obed se tornou realidade. Ele é funcionário federal há catorze anos, tem dois filhos e uma hipoteca para sua casa no bairro de Morris Park, no Bronx. Ele estudou muito, obteve sua licença de piloto e agora é supervisor de controladores de tráfego aéreo no Aeroporto Internacional John F. Kennedy, na cidade de Nova York. Falei com o Sr. Obed hoje ao telefone: ele e controladores de

tráfego aéreo como ele, em todo o país, não receberam seu pagamento na semana passada.

Ele estava me contando como seu trabalho é estressante: todos os dias, os controladores de tráfego aéreo têm a vida de milhares de pessoas nas mãos. Com mudanças climáticas, atrasos em voos, complexidades de pessoal e uma miríade de outros problemas, seus dias quase nunca saem exatamente como planejado. Seu trabalho é encontrar soluções, analisar e adaptar o que puder, em tempo real, para manter as pessoas seguras em um dos espaços aéreos mais movimentados dos Estados Unidos e do mundo.

E é assustador pensar que quase todos os controladores de tráfego aéreo nos Estados Unidos estão distraídos no trabalho porque não sabem quando receberão o próximo pagamento.

Os empregos dos trabalhadores federais são bastante estressantes. O aumento do custo de vida da cidade de Nova York é estressante o suficiente. O fato de a família do Sr. Obed não poder ser reunificada devido aos temores sobre a proibição muçulmana é estressante o suficiente. Sua hipoteca de vários milhares de dólares por mês no Bronx é estressante o suficiente. A xenofobia desta administração é estressante o bastante.

E a verdade dessa paralisação é que, na verdade, não se trata de um muro, não se trata da fronteira e certamente não se trata do bem-estar dos americanos comuns. A verdade é que esse fechamento envolve a erosão da democracia americana e a subversão de nossas normas governamentais mais básicas.

Não é normal manter oitocentos mil pagamentos de trabalhadores como reféns.

Não é normal paralisar o governo quando não conseguimos o que queremos.

Não é normal que os funcionários públicos fujam e se escondam do público a quem devem servir.

Certamente não é normal matar de fome as pessoas a quem servimos por uma proposta que é extremamente impopular entre o povo americano.

Cada membro deste órgão tem uma responsabilidade para com esta nação e para com todos nos Estados Unidos da América, quer tenham votado em nós, quer não, e este presidente também compartilha dessa responsabilidade, o que significa que ele tem uma responsabilidade para com o meu constituinte, o Sr. Obed.

O presidente Trump é responsável por todos os controladores de tráfego aéreo, inspetores da FDA, funcionários da TSA e tem a responsabilidade de garantir o funcionamento básico do governo dos Estados Unidos.

Muito obrigada, Senhora Presidente, encerro aqui o meu discurso. 🙷

Jacinda Ardern
"Eles somos nós"

Christchurch, Nova Zelândia
Março de 2019

A resposta de Jacinda Ardern ao terrível ataque terrorista em Christchurch foi uma lição de liderança compassiva e determinada.

Em 15 de março de 2019, 51 pessoas foram mortas em duas mesquitas em Christchurch, na Ilha Sul da Nova Zelândia. Os terríveis eventos foram transmitidos ao vivo pelo invasor no Facebook e imagens assustadoras foram divulgadas nas redes sociais e em sites de notícias em todo o mundo.

A intenção do ataque era disseminar o terror e o ódio contra a comunidade muçulmana na Nova Zelândia, mas a resposta foi uma demonstração de amor e solidariedade com eles. A empatia extraordinária às vítimas e a reação imediata de Jacinda Ardern ao ataque deram o tom. Em todo o país, mulheres não muçulmanas usaram lenços de cabeça para mostrar seu respeito. O chamado muçulmano para a oração foi transmitido em rede nacional pela televisão e pelo rádio. Grupos de alunos nas escolas realizaram a *haka* para expressar sua solidariedade. Dezenas de milhares de neozelandeses participaram de vigílias à luz de velas.

O resto do mundo assistiu, emocionado, à forma como esse país se uniu diante de tamanha violência e perdas indescritíveis.

Este discurso, proferido em um serviço memorial duas semanas depois, é um exemplo para todo político que lidera uma nação em luto e que, após a violência que pretende dividir uma nação, tem a tarefa de uni-la ainda mais.

Desde o dia do ataque até esse momento, quinze dias depois, Ardern manteve a mesma mensagem, de maneira muito clara. As vítimas e sua comunidade somos nós. O homem que realizou o ataque – seus pontos de vista e sua violência – não é. Em um discurso ao Parlamento após o ataque, Ardern disse resolutamente: "Vocês não vão me ouvir pronunciar o nome dele". Ela não demandou que qualquer outra pessoa – fosse da mídia ou não – seguisse essa regra, mas ao demonstrar, com a própria atitude, sua força de caráter, ela abriu o caminho para que outros a seguissem.

Nesse discurso, Ardern falou sobre uma nação que não tinha as palavras certas para descrever adequadamente sua dor, mas depois as encontrou com aqueles que mais sofriam: *As-salaam Alaikum*. Que a paz esteja com você.

Vestido com uma capa tradicional maori, Ardern uniu frases em maori, em árabe e em inglês. E ao usar essas três línguas juntas durante o pronunciamento – indo de uma à outra sem esforço –, unificava a Nova Zelândia, e penso que também ajudava o país a se curar.

Ao compartilhar cada momento de sofrimento com a comunidade muçulmana, usando suas palavras, fazendo suas as lágrimas deles, respeitando seus trajes, ela não distinguia a própria dor daquela do país como um todo. O final do discurso ilustra isso de forma poderosa. Primeiro em maori: *Ko tātou tatou* (somos todos um). E, então, em árabe: *As-salaam Alaikum* (que a paz esteja com você).

Imam Gamal Fouda, da mesquita Al Noor, onde ocorreu um dos tiroteios, agradeceu a Ardern após o discurso:

> "Obrigado por sua liderança, foi uma lição para os líderes mundiais. Obrigado por suas palavras e lágrimas de compaixão. Obrigado por ser *uma conosco*[*]".

A resposta de Ardern não foi apenas compassiva; foi rápida e firme – responsabilizou as empresas de mídias sociais que facilitaram a proliferação desse veneno extremista e revisou as leis sobre armas, imediatamente e sem desculpas.

Uma semana após o ataque de Christchurch, Ardern anunciou a proibição total de fuzis de assalto e semiautomáticos de estilo militar, bem como carregadores de alta

---

[*] No original, *"for being one with us"*, no sentido de "todos somos um". [N. T.]

capacidade e quaisquer peças que convertessem armas em semiautomáticas. Ao anunciar as medidas, ela disse: "Em suma, todas as armas semiautomáticas usadas no ataque terrorista de sexta-feira serão banidas deste país".

Não devemos subestimar a importância da forma como Jacinda Ardern respondeu a Christchurch. Quando ataques terríveis como esse acontecem, é fácil para as comunidades ficarem mais zangadas, mais divididas, mais hostis umas às outras, mais suscetíveis a teorias da conspiração, mais frágeis. É isso que os terroristas querem. Os líderes ruins não conseguem entender isso ou, na pior das hipóteses, acabam explorando isso. Ardern, em seu discurso e resposta, mostrou verdadeira liderança tanto para a Nova Zelândia quanto para o mundo.

❝ *E rau rangatira mā, e ngā reo, e ngā mana. Tēnā koutou katoa.*

(Hoje reconheço entre nós nossos distintos líderes, porta-vozes e aqueles que detêm autoridade.)

Ngāi Tahu Whānui, tēnā koutou.

(Minhas saudações a todo *Ngāi Tahu*.)

E papaki tū ana ngā tai o maumahara ki runga o Ōtautahi.

(As marés da lembrança fluem sobre Christchurch hoje.)

Haere mai tātou me te aroha, me te rangimārie, ki te whānau nei, e ora mārire ai anō rātau, e ora mārire ai anō, tātou katoa.

(Portanto, vamos nos reunir com amor, em paz, por esta família, para que eles possam viver novamente, para que todos nós possamos verdadeiramente viver novamente.)

Aqui estamos, reunidos, 14 dias depois de nossa hora mais sombria. Nos dias que se seguiram ao ataque terrorista de 15 de março, muitas vezes ficamos sem palavras.

Quais palavras expressam adequadamente a dor e o sofrimento de 50 homens, mulheres e crianças perdidos e tantos feridos? Quais palavras transmitem a angústia de nossa comunidade muçulmana ao ser alvo de ódio e violência? Quais palavras expressam a dor de uma cidade que já conheceu tanta dor?

Achei que não houvesse nenhuma. E então eu vim aqui e fui recebida com esta saudação simples. *As-salaam Alaikum.* Que a paz esteja com você.

Foram palavras simples, repetidas por líderes comunitários que testemunharam a perda de seus amigos e entes queridos.

Palavras simples, sussurradas pelos feridos em suas camas de hospital.

Palavras simples, ditas pelos enlutados e por todos que conheci que foram afetados por este ataque.

As-salaam Alaikum. Que a paz esteja com você.

Foram palavras ditas por uma comunidade que, diante do ódio e da violência, tinha todo o direito de expressar raiva, mas, em vez disso, abriu suas portas para que todos nós sofrêssemos com eles. E, assim, dizemos àqueles que mais perderam que talvez nem sempre tenhamos as palavras. Podemos ter deixado flores, executado o *haka*, cantado canções ou simplesmente abraçado. Mas mesmo quando não tínhamos palavras, ainda ouvíamos as suas, e elas nos ensinaram humildade e nos deixaram unidos.

Nas últimas duas semanas, ouvimos as histórias das pessoas afetadas por esse ataque terrorista. Eram histórias de bravura. Eram histórias de pessoas que nasceram aqui, cresceram aqui ou que fizeram da Nova Zelândia seu lar. Que buscaram refúgio ou buscaram uma vida melhor para si ou para suas famílias.

Essas histórias agora fazem parte de nossas memórias coletivas. Elas permanecerão conosco para sempre. Elas somos nós.

Mas com essa memória vem uma responsabilidade. A responsabilidade de sermos o lugar em que desejamos estar. Um lugar que é diverso, acolhedor, gentil e compassivo. Esses valores representam o que temos de melhor.

Mas mesmo o mais horrendo dos vírus pode existir em lugares onde não é bem-vindo. O racismo existe, mas não é bem-vindo aqui. Um ataque à liberdade de qualquer um de nós que pratica sua fé ou religião não é bem-vindo aqui. A violência e o extremismo, em todas as suas formas, não são bem-vindos aqui.

E nas últimas duas semanas nós mostramos isso, vocês mostraram isso, em suas ações.

Dos milhares em vigílias ao homem de 95 anos que pegou quatro ônibus para assistir a um protesto porque não conseguia dormir de tristeza de ver a dor e o sofrimento dos outros. Nosso desafio agora é fazer do melhor de nós uma realidade diária. Porque não somos imunes aos vírus do ódio, do medo, do outro. Nós nunca fomos. Mas podemos ser a nação que descobre a cura.

E assim, cada um de nós, ao sair daqui, tem trabalho a fazer; não deixe o trabalho de combater o ódio apenas para o governo. Cada um de nós detém o poder, em nossas palavras e em nossas ações, em nossos atos diários de bondade. Que seja esse o legado do dia 15 de março. Para que sejamos a nação que acreditamos ser.

À comunidade global que se juntou a nós hoje, que estendeu a mão para abraçar a Nova Zelândia, e à nossa comunidade muçulmana, a todos aqueles que se reuniram aqui conosco, agradecemos.

E pedimos que a condenação à violência e ao terrorismo se transforme agora em uma resposta coletiva. O mundo está preso em um círculo vicioso de extremismo gerando extremismo, e isso deve acabar.

Não podemos enfrentar essas questões sozinhos; nenhum de nós pode. Mas a resposta para elas está em um conceito simples, que não é limitado por fronteiras internas, que não é baseado em etnia, poder ou em formas de governo. A resposta está em nossa humanidade.

Mas, por agora, vamos nos lembrar daqueles que deixaram este lugar. Lembraremos os primeiros a chegar aqui, que deram tanto de si para salvar os outros. Vamos nos lembrar das lágrimas de nossa nação e da nova resolução que formamos.

E lembramos que o nosso é um lar que não reivindica e não pode reivindicar perfeição. Mas podemos nos esforçar para sermos fiéis às palavras embutidas em nosso hino nacional:

> Homens de todo credo e toda raça,
> Reúnem-se aqui perante vossa face,
> Pedindo a vós que abençoeis este lugar,
> Deus, defendei nossa terra livre.
> Da discórdia, da inveja, do ódio,
> E da corrupção guardai nosso Estado,
> Fazei nosso país ser bom e grande,
> Deus, defendei a Nova Zelândia.
> *Ko tātou tātou.*
> *As-salaam Alaikum.* **99**

Diane Abbott
"Nós não descansaremos"

Câmara dos Comuns
Abril de 2019

Diane Abbott foi uma das três primeiras pessoas negras a serem eleitas para a Câmara dos Comuns – junto a Bernie Grant e Paul Boateng. Era o ano de 1987, e ela era, ainda, a primeira – e, por dez anos, a única – mulher negra no Parlamento.

Pioneira, ela tem sido uma ativista apaixonada em seus mais de 30 anos na vida pública, desafiando governos de todas as partes quando deixam de tratar as pessoas com dignidade e respeito.

Em seu discurso inaugural na Câmara dos Comuns, ela falou sobre seus pais jamaicanos e outras pessoas da comunidade que, como eles, haviam vindo para a Grã-Bretanha na década de 1950 em busca de uma vida melhor. Ela disse:

"Toda uma geração de imigrantes negros e de minorias étnicas veio – não para tirar proveito, não para usurpar a cultura de outro país, não para ser alvo do escárnio dos membros conservadores, mas para trabalhar. Eles vieram em busca de uma vida melhor para seus filhos. Eles também vieram com orgulho, como cidadãos da Grã-Bretanha e de sua comunidade, e acreditando nessa cidadania".

Ela continuou alertando o Parlamento a respeito da nova legislação de imigração do governo conservador que estava sendo debatida naquele dia, e contra o crescente sentimento anti-imigração no país.

A geração de imigrantes sobre a qual Diane falou com tanta veemência naquele discurso foi muitas vezes referida como a geração Windrush, em homenagem ao navio em que tantas famílias embarcaram, no Caribe, para ajudar a reconstruir a economia da Grã-Bretanha após a guerra. E as palavras de Diane sobre seu orgulho, trabalho árduo e cidadania, ditas há 30 anos, ecoariam na primavera de 2019, quando ela se levantou para fazer o discurso que incluí aqui sobre o escândalo de Windrush, o qual revelou que centenas de pessoas daquela geração foram injustamente detidas e deportadas pelo Ministério do Interior.

O discurso é uma resposta a uma declaração do governo na Câmara dos Comuns, por isso é curto e está salpicado de perguntas dirigidas ao ministro do Interior. Mas é uma prova da habilidade de Diane como oradora que suas palavras sintetizem, com autoridade, a profundidade da injustiça feita à geração Windrush, bem como suas raízes em muitos anos de política do governo britânico.

Diane também teve que ser muito mais resiliente e determinada do que qualquer parlamentar. Os abusos e as ameaças dirigidos a ela têm sido mais intensos do que os direcionados a qualquer outro parlamentar – racismo e misoginia nas redes sociais, em e-mails, cartas e eventos públicos. Uma pesquisa da Anistia Internacional descobriu que Diane recebeu quase metade de todos os tuítes abusivos enviados a parlamentares do sexo feminino nas prévias das eleições gerais de 2017, dez vezes mais do que qualquer outro parlamentar.[32] São demonstrações de racismo e misoginia deliberados e organizados, que corroem a democracia, e ninguém deveria ter que aturá-las.

Como muitas mulheres parlamentares que enfrentam tais questões, Diane passou muitos anos lidando com isso enquanto tocava seu trabalho. Mas também se pronunciou e desafiou as empresas de mídia social a agir para acabar com essa torrente de abusos. Em suas próprias palavras:

> "As pessoas que se conectam à internet para abusar de mulheres e negros querem nos expulsar do espaço público e, em última análise, querem nos destruir como pessoas".[33]

Diane nunca se distraiu ou se deixou silenciar pelo abuso que recebe. Ela continua sendo uma defensora corajosa dos outros – como parlamentar de Hackney North e Stoke Newington por mais de 30 anos, como ministra sombra e agora como secretária do Interior sombra. Mas, como ela avisou, com razão:

> "Não se trata apenas de políticos, nem mesmo de mulheres na política, qualquer mulher que ocupe um espaço público pode esperar esse tipo de abuso... trata-se da degradação do discurso público".[34]

Todos temos a responsabilidade de extinguir a linguagem vitriólica e violenta de nossa vida pública. Como Diane deixa claro – trata-se da proteção da própria democracia.

❝ Temos que manter em mente, nesta assembleia, o orgulho que a geração Windrush tinha por ser britânica. Devemos lembrar que eles vieram de boa-fé, com passaportes que indicavam que eram realmente britânicos. Houve todos os desafios materiais que eles enfrentaram, como o escândalo Windrush, mas, acima de tudo, depois de falar com muitas dessas pessoas, houve a humilhação de ouvir, ano após ano, do Estado britânico que, de alguma forma, eles não eram britânicos, não eram dignos, não eram merecedores e que os serviços pelos quais pagaram durante anos e anos não estavam disponíveis para eles.

A realidade é que este é um escândalo que nunca deveria ter acontecido. É um escândalo ao qual o governo demorou inicialmente a reagir e é um escândalo que alguns membros do Parlamento deliberadamente tenham falado sobre imigrantes ilegais, quando, por definição, nenhuma das vítimas de Windrush está aqui ilegalmente. É um escândalo que deve continuar a menos e até que o governo acabe com seu ambiente hostil. [...]

A primeira-ministra nos disse que lutaria contra as 'injustiças urgentes'. Bem, o escândalo Windrush foi uma injustiça urgente e ocorreu sob sua supervisão, primeiro como secretária do Interior e depois como primeira-ministra. Sua sucessora como secretária do Interior [Amber Rudd] foi obrigada a renunciar ao cargo porque ela disse incorretamente à Câmara que não havia metas numéricas de deportação. Desde então, soubemos que o Exmo. membro de Hastings e Rye [Amber Rudd] escreveu à primeira-ministra prometendo aumentar as deportações em 10%. Também sabemos que os números de deportação foram um indicador-chave de desempenho quando ela presidiu os assuntos internos, e os funcionários do ministério do

Interior receberam bônus relacionados ao número de deportados.

É difícil pensar que essas metas, indicadores de desempenho e bônus não tenham afetado o descuido com que a geração Windrush foi tratada. O atual ministro do Interior disse à Câmara em abril do ano passado: 'Farei o que for necessário para corrigir isso'. Ele também disse: 'Esclareço que um cidadão da Comunidade das Nações que esteja no Reino Unido desde 1973 será elegível para obter o *status* legal que merece: a cidadania britânica'.

E, ainda assim, aqui estamos.

Sabemos que muitos cidadãos da Comunidade das Nações que estão aqui desde 1973 ainda não receberam a cidadania britânica e ainda não são tratados como cidadãos britânicos. [...]

Ficamos alegres com o fato de o ministro do Interior aceitar que não se trata apenas de pessoas do Caribe. A geração Windrush é assim chamada por causa daquele símbolo emblemático, o império Windrush, mas na verdade envolve qualquer pessoa de um país da Comunidade das Nações que tenha vindo para este país entre 1948 e 1972. Acredito que muito mais pessoas precisarão se apresentar se realmente quisermos esclarecer este escândalo.

O ministro do Interior poderia falar um pouco sobre o fundo de privação, que foi criado em resposta à pressão... para lidar com os problemas imediatos enfrentados pela geração Windrush? [...] É verdade que até agora apenas duas pessoas receberam pagamentos do fundo? [...] Ele está disposto a comentar o fato de que o esquema não compensará aqueles que regressaram ao Caribe, que foram a outro lugar na Comunidade passar as férias e não tiveram permissão para embarcar de volta à Grã-Bretanha? O documento afirma que é difícil determinar 'se a incapacidade de retornar ao Reino Unido é uma perda'.

Claro que é uma perda. Isso é uma coisa extraordinária de se dizer. Sabemos que as pessoas foram injustamente impedidas de voltar para suas casas aqui. O ministro do Interior admite isso. Um dos motivos foi a impossibilidade de fornecer prova documental de seu status. Agora, o ministro do Interior propõe excluí-los da compensação. Essas pessoas eram cidadãos britânicos, mas não puderam voltar para suas casas aqui e, em alguns casos, foram separadas de suas famílias. Isso não é o fim do escândalo; ele continua. [...]

Permitam-me que diga, por fim, que há alguns nesta Câmara que são filhos da geração Windrush. Quer estejamos na bancada da frente ou na retaguarda, e quer estejamos na oposição ou no governo, não descansaremos até que essa geração, uma das gerações mais corajosas, obtenha a justiça a que tem direito. 〞

Lilit Martirosyan
"Estamos fazendo história hoje"

Assembleia Nacional da Armênia
Abril de 2019

Poucos parlamentos nacionais em qualquer lugar do mundo ouviram discursos de mulheres transgênero. Então, quando Lilit Martirosyan falou no Parlamento armênio, em abril de 2019, abriu um caminho corajoso em todo o mundo, não apenas na Armênia, jogando luz sobre a violência, os crimes e a discriminação vividos por essas pessoas em todos os lugares. Mas isso torna a resposta violenta que ela recebeu ainda mais perturbadora.

O discurso de Martirosyan foi curto e simples. Ela não pediu muito aos representantes armênios – apelando para que eles simplesmente se envolvessem na legislação sobre igualdade de gênero e direitos humanos em geral. Em vez disso, o foco principal e objetivo do discurso foi descritivo – levar ao conhecimento daqueles em cargo de poder a terrível violência e os crimes que ela e outros armênios transgênero vivenciam.

> "Pessoas como eu foram torturadas, estupradas, sequestradas, submetidas à violência física, queimadas, imoladas, esfaqueadas, sofreram tentativa de homicídio, emigradas, roubadas, sujeitas aos estigmas e à discriminação nas áreas social, médica, jurídica, econômica e em todos os aspectos de uma vida digna [...]."

Como fundadora da Right Side, organização de direitos de pessoas transgênero na Armênia, e primeira mulher transgênero registrada no país, Martirosyan tem sido uma ativista formidável em casa. Mas ela não estava falando apenas pela Armênia. Mesmo em países com a mais longa história de direitos LGBTQIAPN+, a transfobia é generalizada, muitas vezes incluindo terríveis violências. Falando em 2014 em uma conferência Criando Mudanças nos Estados Unidos, a atriz e defensora dos direitos de pessoas LGBTQIAPN+ Laverne Cox disse: "Alguns dias, eu acordo e ouço que outra de minhas irmãs transgênero foi agredida, estuprada, assassinada... E não há justiça".[35] No Reino Unido, em 2018, os crimes de ódio registrados contra a comunidade transgênero aumentaram 81%.[36]

Perturbadoramente, a resposta ao discurso de Martirosyan provou seu ponto da pior forma. Um parlamentar pediu que ela fosse queimada viva. Uma manifestação antiLGBTQIAPN+ se reuniu diante do Parlamento para protestar contra seu direito de falar; um deles trouxe uma faca e anunciou que queria matá-la.[37] O endereço residencial de Martirosyan foi divulgado on-line, assim como os endereços de seus colegas e familiares do Right Side. Ela passou as semanas seguintes na clandestinidade.[38]

Relações do mesmo sexo foram descriminalizadas na Armênia em 2003, e muitos pensaram que a revolução pacífica de 2018 seria o alvorecer de um tipo de política mais tolerante.[39] Mas Martirosyan havia mostrado que, simplesmente por ser visível e por descrever a violência que ela e outros haviam experimentado, ela se tornou o alvo de mais violência, ódio e abuso.

Lilit Martirosyan expôs a considerável bravura de mulheres e homens trans em todo o mundo por simplesmente viverem sua vida com fidelidade a si mesmos. Mas ela também demonstrou grande bravura ao falar e dar voz aos que não têm voz. Além disso, mostrou como é importante que todos nós falemos em solidariedade contra a transfobia e a homofobia, em todo o mundo.

❝ Caros parlamentares, colegas e convidados, hoje fazemos história.

Mesmo alguns meses atrás, era impossível sequer imaginar o que é hoje uma realidade na Armênia pós-Revolução. Estou proferindo este discurso para vocês da tribuna do Parlamento armênio, como uma mulher transgênero.

Mas eu peço que vocês me vejam como uma figura coletiva, sendo membra da comunidade transgênero armênia e presidente da ONG de direitos humanos Right Side; pessoas como eu foram torturadas, estupradas, sequestradas, submetidas à violência física, queimadas, imoladas, esfaqueadas, sofreram tentativa de homicídio, emigradas, roubadas, sujeitas aos estigmas e à discriminação nas áreas social, médica, jurídica, econômica e em todos os aspectos de uma vida digna, desempregadas, pobres e moralmente abandonadas.

Até 2018, registramos 283 casos semelhantes contra pessoas trans e não sei o que é mais assustador: esse número ou o fato de apenas uma pequena parte desses casos ter sido registrada pela polícia ou por outros órgãos competentes. E se vocês tomarem "283" como o número de pessoas trans na Armênia cujos direitos foram violados, então, para mim, significa que há 283 criminosos na Armênia morando perto de mim e de vocês. E quem sabe, talvez o 284º cometa um crime amanhã.

O que também é preocupante é que as pessoas que defendem as pessoas trans também sofrem violência física e perseguição.

Em apenas um mês, algumas pessoas cortaram a garganta de uma pessoa trans, espancaram violentamente outra em seu próprio apartamento, que incendiaram completamente, incluindo seus pertences pessoais.

Pensem nisso, senhores. Apelo a vocês, inclusive aos representantes das pessoas trans, que se envolvam na implementação de políticas e reformas legislativas relacionadas à igualdade de gênero e à garantia dos direitos humanos em geral.

Estamos prontos para apoiá-los na construção da democracia em nossa pátria. Obrigada. 🙸

Greta Thunberg
"Vamos começar a agir"

Cúpula Mundial da Coalizão R20, Viena
Maio de 2019

Eu queria que o último discurso deste livro fosse sobre o futuro, e ninguém fala sobre ele com mais clareza ou urgência do que Greta Thunberg.

A sueca de 16 anos, com seu característico rabo de cavalo, conquistou o mundo desde que faltou à escola, em agosto de 2018, para protestar contra a crise climática do lado de fora do Parlamento sueco. Ela deu início a uma onda de ativismo juvenil relacionado à crise climática que culminou com a participação de mais de um milhão de estudantes de todo o mundo em greves escolares na primavera de 2018. Greta Thunberg tornou-se sua líder. A voz de uma nova geração.

De certa forma, ela é um ícone improvável – uma adolescente da Suécia, para quem o inglês é apenas uma segunda língua, que falou pública e bravamente sobre ter a síndrome de Asperger, uma forma de autismo. Mas nada disso a deteve. Pelo contrário, ela insiste que seu ativismo é bem-sucedido por causa de seu autismo, e não apesar dele. Ela disse à BBC: "ser diferente é um presente... Isso me faz ver as coisas de fora da caixa. Não caio facilmente em mentiras, posso ver através das coisas".[40]

Isso fica evidente em seus discursos. Eles são revigorantemente diretos. Quando veio ao Parlamento britânico, em abril de 2019, ela perguntou:

"O microfone está realmente ligado?"
[Sim]
"Estão me ouvindo?"
[Sim]
"O meu inglês é compreensível?"
[Sim]
"Porque estou começando a me perguntar."[41]

Uma semana após sua visita ao Parlamento, seguida por uma onda de protestos climáticos perturbadores do grupo Extinction Rebellion, os parlamentares votaram pela primeira vez para declarar uma emergência climática.[42] Não foi uma coincidência.

Os discursos de Greta são eficazes porque constrangem aqueles que detêm o poder por sua inação. Ela repreende os adultos na sala; expõe sua imprudência e irresponsabilidade. Suas palavras neste discurso, para ilustres convidados em Viena, são raivosas e alarmistas. O público não se diverte facilmente com as gentilezas educadas normalmente oferecidas a políticos e CEOs. Seu discurso nas Nações Unidas, alguns meses depois, foi ainda mais severo.

Cada vez que ela fala, soa um alarme e força as pessoas a ouvirem, obrigando-as a agir. Suas palavras são um desafio para os líderes, mas também um grito de guerra para que outros se juntem a ela:

> "[...] nós não vamos mais deixar vocês se safarem".

O impacto da campanha de Thunberg e seu estilo direto e urgente de falar foram realmente notáveis. Cientistas do clima, que há décadas tentam ser ouvidos, dizem que essa adolescente fez as pessoas finalmente acordarem. Ela está exibindo a liderança que exige de outras pessoas. Como todas as mulheres nesta compilação e milhões de outras ao redor do mundo, Greta Thunberg está usando sua voz para exigir ação e, por fim, inspirar esperança para o futuro.

❝ Obrigada pelo convite, obrigada por me receberem aqui e obrigada a todos por terem vindo.

Meu nome é Greta Thunberg. Eu sou um ativista do clima da Suécia. E, nos últimos nove meses, tenho promovido a greve dos estudantes pelo clima, todas as sextas-feiras, diante do Parlamento sueco.

Precisamos mudar a forma como tratamos a crise climática. Precisamos mudar a maneira como falamos sobre a crise climática. E precisamos chamá-la pelo que é: uma emergência.

Estou certa de que a maioria de nós aqui hoje está ciente da situação. Mas minha experiência número um durante esses últimos nove meses é que as pessoas em geral não têm ideia. Muitos de nós sabemos que algo está errado, que o planeta está esquentando por causa do aumento dos gases do efeito estufa, mas não sabemos as consequências exatas disso. A grande maioria sabe muito menos do que pensamos. E isso não deve ser surpresa.

Nunca nos foram mostrados os gráficos que mostram o quanto as emissões de gás carbônico precisam ser reduzidas para ficarmos abaixo do limite de um grau centígrado e meio. Nunca nos foi dito o significado do aspecto da equidade nos acordos de Paris e por que ele é tão importante. Nunca fomos ensinados sobre ciclos de *feedback*, pontos de inflexão ou o que é um efeito estufa descontrolado. A maioria de nós não sabe quase nenhum dos fatos básicos.

E como poderíamos? Não nos foi dito. Ou, o que é mais importante, as pessoas certas nunca nos disseram.

Somos *Homo sapiens sapiens*, da família *Hominidae*, da ordem *Primatas*, da classe *Mammalia*, do reino *Animalia*. Somos parte da natureza. Somos animais sociais. Somos naturalmente atraídos por nossos líderes.

Nos últimos meses, milhões de jovens participaram da greve de estudantes pelo clima, chamando atenção para a crise climática. Mas nós, jovens, não somos líderes. Nem os cientistas, infelizmente.

Mas muitos de vocês que estão aqui hoje são. Presidentes, celebridades, políticos, CEOs e jornalistas. As pessoas ouvem vocês. São influenciadas por vocês. E, portanto, vocês têm uma responsabilidade enorme. E, vamos ser honestos, esta é uma responsabilidade que a maioria de vocês falhou em assumir.

Vocês não podem confiar que as pessoas lerão nas entrelinhas ou pesquisarão as informações por conta própria, que vão ler o último relatório do IPCC*, rastrear a Curva de Keeling ou manter o controle sobre o rápido desaparecimento mundial dos orçamentos de carbono. Vocês têm que nos explicar isso, repetidamente. Não importa o quão desconfortável ou não lucrativo isso possa ser. E sim, um mundo transformado incluirá muitos novos benefícios. Mas vocês têm que entender que

---

* O IPCC (Painel Intergovernamental sobre Mudanças Climáticas, na sigla em inglês) é um órgão da Organização das Nações Unidas (ONU) criado em 1988 com o objetivo de avaliar cientificamente as mudanças climáticas, seus impactos e opções de resposta. [N. E.]

esta não é uma oportunidade para criar novos empregos verdes, novos negócios ou crescimento econômico verde. Acima de tudo, é uma emergência. E não qualquer emergência. Esta é a maior crise que a humanidade já enfrentou. Isso não é algo que se possa 'curtir' no Facebook.

Quando ouvi pela primeira vez sobre o clima e a degradação ecológica, na verdade não acreditei que isso pudesse estar acontecendo. Pois como poderia ser? Como poderíamos estar enfrentando uma crise existencial que ameaçaria nossa própria sobrevivência e, ainda assim, não fazer disso nossa prioridade suprema? Se realmente houvesse uma crise tão grande, raramente falaríamos sobre qualquer outra coisa. Assim que você ligasse a tevê, quase tudo seria sobre isso. Manchetes, rádio, jornais, você quase nunca ouviria ou leria qualquer outra coisa. E os políticos certamente teriam feito o que era necessário agora, não é? Eles realizariam reuniões de crise o tempo todo, declarariam emergências climáticas em todos os lugares e passariam todas as horas de vigília lidando com essa situação e informando às pessoas o que estava acontecendo.

Mas nunca foi assim. A crise climática foi tratada como qualquer outra questão, ou até menos do que isso. Cada vez que você ouvia um político falar sobre isso, ele nunca falava com urgência. Segundo eles, sempre houve inúmeras novas tecnologias e soluções simples que, quando implantadas, resolveriam tudo. Os políticos dizem, por um segundo, 'a mudança climática é muito importante, é o tópico mais importante, e vamos fazer tudo o que pudermos para impedi-lo', e no próximo segundo eles querem expandir aeroportos, construir novas usinas de carvão e rodovias, e então eles voam em um jato particular para participar de uma reunião no outro lado do mundo. Não é assim que você age em uma crise.

Os humanos são animais sociais. Não podemos fugir desse fato. E enquanto vocês, os líderes, agirem como se tudo estivesse bem e vocês tivessem as coisas sob controle, então nós, pessoas, não entenderemos que estamos em uma emergência.

Vocês não podem apenas continuar falando sobre soluções específicas e isoladas para problemas específicos e isolados. Precisamos ver a imagem toda. Se vocês disserem que podemos resolver esta crise apenas aumentando ou reduzindo alguns impostos, eliminando o carvão em dez ou quinze anos, instalando painéis solares em novos edifícios ou fabricando novos carros elétricos – se vocês disserem isso, as pessoas pensarão que podemos resolver esta crise sem que ninguém faça um esforço real.

Greta Thunberg | 337

E isso é muito perigoso, porque soluções específicas e isoladas não são mais suficientes. E vocês sabem disso. Agora precisamos mudar praticamente tudo. Agora precisamos de uma maneira totalmente nova de pensar.

Eu sei que vocês estão desesperados por esperança e soluções. Mas a maior fonte de esperança e a solução mais fácil estão bem na sua frente, e sempre estiveram. E somos nós, pessoas, e o fato de que não sabemos. Nós, humanos, não somos estúpidos. Não estamos arruinando a biosfera e as condições de vida futuras de todas as espécies porque somos maus. Simplesmente não estamos cientes. Mas, uma vez que entendemos, uma vez que percebemos a situação, então agimos. Nós mudamos. Os humanos são muito adaptáveis.

Portanto, em vez de ficarem obcecados em encontrar soluções para um problema que a maioria de nós nem sabe que existe, vocês também devem se concentrar em nos informar sobre o problema real. Devemos reconhecer que não temos todas as soluções agora. Devemos admitir que não temos a situação sob controle. E devemos admitir que estamos perdendo esta batalha. Devemos parar de brincar com palavras e números, porque não temos mais tempo para isso. E nas palavras do autor Alex Steffen, 'ganhar lentamente é a mesma coisa que perder', no que diz respeito à crise climática.

Quanto mais esperarmos, mais difícil será reverter isso. Então, não vamos esperar mais. Vamos começar a agir. Por muito tempo, as pessoas no poder basicamente se safaram sem fazer nada para impedir o colapso climático e ecológico. Elas se safaram roubando nosso futuro e vendendo-o com lucro.

Mas nós, jovens, estamos acordando. E prometemos que não vamos mais deixar vocês se safarem.

Obrigada. **"**

Agradecimentos

Primeiro, agradeço a todas as mulheres cujos discursos estão incluídos neste livro – por suas palavras, ideias e coragem em falar abertamente. Espero que isso ajude mais mulheres a segui-las.

Este livro não teria acontecido sem três mulheres brilhantes: Amy Richards, com quem discuti a ideia pela primeira vez há quatro anos e que me incentivou a iniciá-la; Beth Gardiner-Smith, que me deu as primeiras sugestões de discursos a serem incluídos; e Natasha Collett, que fez isso acontecer este ano, mantendo-me no caminho certo com pesquisas, projetos e ideias criativas. Estou ansiosa para ouvir seus discursos nos próximos anos. Obrigada a elas e aos muitos amigos, colegas e, particularmente, às minhas sofridas equipes de gabinete, que me ajudaram a escrever e fazer discursos à minha maneira, de última hora, ao longo de muitos anos. Vocês sabem quem são.

Obrigada àquelas – especialmente parlamentares trabalhistas – que sugeriram grandes discursos a serem incluídos, mas, mais importante, que mostraram a mim e umas às outras essa amizade e solidariedade quando enfrentamos ameaças por nos manifestarmos. Em um momento em que as tensões estão aumentando, agradecemos àqueles de todos os lados da política que, independentemente das divergências, procuram mostrar respeito e gentileza.

Muito obrigada à minha família e aos meus amigos. Aos meus pais, que me deram confiança para fazer discursos e apoiaram toda a nossa família enquanto eu os fazia; a minha irmã Nichola e meu irmão David e suas famílias, e a Alison e Phil e sua família, que me toleraram escrevendo introduções durante nossas férias de verão deste ano.

Ed e eu passamos mais de 20 anos comentando os discursos um do outro, reescrevendo as piadas um do outro, praticando-as juntos e dissecando alegremente os discursos de outras pessoas em casamentos, recepções ou conferências. Discursos (e muitas coisas) são sempre mais divertidos quando Ed está envolvido.

Nossos filhos Ellie, Joel e Maddy suportaram intermináveis discursos ao longo dos anos, como bebês em *slings*, crianças pequenas segurando minha mão, inquietas crianças de sete anos e adolescentes entediados sentados ao fundo. Então, mais do que tudo, obrigado a Ed, Ellie, Joel e Maddy por me apoiarem, me defenderem (especialmente contra as demais) e por serem, de longe, as melhores feministas que conheço.

Notas

1. https://www.thesojournertruthproject.com/
2. https://www.theguardian.com/artanddesign/2006/sep/21/art1
3. http://www.charlottenewson.com/women-like-you/
4. https://www.oxforddnb.com/view/10.1093/ref:odnb/9780198614128.001.0001/odnb-9780198614128-e-35376?rskey=EGHW5f&result=1
5. https://www.oxforddnb.com/view/10.1093/ref:odnb/9780198614128.001.0001/odnb-9780198614128-e-35376?rskey=EGHW-5f&result=1
6. https://www.bbc.co.uk/news/business-30112814
7. https://www.poetryfoundation.org/poets/audre-lorde
8. http://s18.middlebury.edu/AMST0325A/Lorde_The_Masters_Tools.pdf
9. https://www.theguardian.com/books/2014/may/28/maya-angelou
10. https://www.latimes.com/archives/la-xpm-1993-01-17-op-1952-story.html
11. https://commonslibrary.parliament.uk/insights/the-history-and-geography-of-women-mps-since-1918-in-numbers/
12. https://candlesholocaustmuseum.org/eva-kor/her-story/her-story.html/title/read-about-eva-and-miriamafter-the-war
13. https://www.gov.uk/government/speeches/statement-from-the-newprime-minister-theresa-may

14. https://www.bbc.co.uk/news/election-2017-40192060
15. https://www.greenbeltmovement.org/wangari-maathai
16. https://www.un.org/esa/forests/news/2011/09/un-pays-tribute-tolate-environmentalist-and-nobellaureate-wangari-maathai/index.html
17. https://www.telegraph.co.uk/travel/destinations/oceania/articles/Julia-Gillards-small-breasts-huge-thighson-opposition-partys-fundraisermenu/
18. https://www.abc.net.au/news/specials/rudd-returns/2013-06-26/julia-gillard-speaks-about-defeat/4783950
19. https://www.ted.com/talks/chimamanda_adichie_the_danger_of_a_single_story
20. https://www.opendemocracy.net/en/5050/women-demand-freedom-notsurveillance/
21. https://www.theguardian.com/politics/2014/feb/09/kavitakrishnan-communist-india-accusedminister-free-sex
22. https://www.indiatoday.in/india/story/five-women-raped-every-dayin-delhi-last-year-police-1427501-2019-01-10
23. https://www.washingtonpost.com/news/arts-and-entertainment/wp/2014/03/02/transcript-lupitanyongos--emotional-oscarsacceptance-speech/
24. https://www.nytimes.com/2017/10/19/opinion/lupitanyongo-harveyweinstein.html
25. Harman, Harriet (2017) A Woman's Work. Penguin
26. https://www.independent.co.uk/news/people/emma-watson-wasencouraged-not-to-use-the-wordfeminism-during-un-heforshespeech-a6756796.html
27. https://www.theguardian.com/world/2015/nov/05/malalayousafzai-tells-emma-watson-im-afeminist--thanks-to-you

28. https://www.standard.co.uk/showbiz/celebrity-news/emmawatson-received-threats-afteropening-pandora-s-box-with-uncampaign-a3358146.html
29. https://www.iop.org/policy/statistics/uk-a-levels/gender/page_67095.html
30. https://www.aps.org/programs/education/statistics/
31. http://www.bbc.com/future/story/20181008-why-dont-more-womendont-win-nobel-prizes-in-science
32. https://www.amnesty.org.uk/pressreleases/diane-abbott-talks-aboutsheer-levels-hatred-she-receivesonline
33. https://www.amnesty.org.uk/pressreleases/diane-abbott-talks-aboutsheer-levels-hatred-she-receivesonline
34. https://www.theyworkforyou.com/whall/?id=2017-07-12a.151.0
35. https://speakola.com/arts/lavernecox-trans-rights-creating-change-2014
36. https://www.bbc.co.uk/news/uk-48756370
37. https://www.theguardian.com/global-development/2019/apr/26/armenian-mps-call-for-trans-activistto-be-burned-alive-after-historicspeech-lilit-martirosyan
38. https://www.reuters.com/article/us-armenia-lgbt-politics/armeniaslgbt-community-still-waits-forchange-one-year-after-revolutionidUSKCN1S300H
39. https://www.reuters.com/article/us-armenia-lgbt-politics/armeniaslgbt-community-still-waits-forchange-one-year-after-revolutionidUSKCN1S300H
40. https://www.bbc.co.uk/newsround/47467038

41. https://www.theguardian.com/environment/2019/apr/23/gretathunberg-full-speech-to-mps-youdid-not-act-in-time

42. https://www.bbc.co.uk/news/ukpolitics-48126677

43. https://www.theguardian.com/environment/2019/jun/29/alexandria-ocasio-cortez-met-gretathunberg-hope-contagious-climate

44. https://www.ted.com/talks/greta_thunberg_school_strike_for_climate_save_the_world_by_changing_the_rules/transcript?language=en

As Brasileiras

*Quando ela fala**

"Quando ela fala, todos devem ouvir", era o que dizia meu pai sobre o momento em que minha avó reunia a família para contar as histórias que tinha vivido. Ela havia passado por muitas coisas nesta vida. Muitas! Nasceu em 1929, na cidade de Quixeramobim, no sertão cearense, e vivenciou fome, pobreza e violências. Seu marido, quando sob efeito do álcool, a espancava na frente dos filhos, os quais ela criou praticamente sozinha. Se havia algo inegociável para ela era que os filhos estudassem. O meu pai, por exemplo, formou-se em Direito, Economia e Letras na Universidade Federal do Ceará. Depois, tornou-se diretor de um banco público. Ele sabia que jamais teria conseguido isso sem os esforços de minha avó.

É... quando ela falava, nós deveríamos escutar.

---

* Este texto foi escrito por Joice Nunes, editora da Primavera Editorial.

Apenas escutem

Ruth Guimarães e minha avó foram contemporâneas e compartilhavam do encanto pelo fabulário negro. Cada uma à sua maneira se dedicou a manter viva a cultura de seus ancestrais, sendo uma das coisas que as mulheres negras deste país precisam ser: resistentes.

A escritora, professora e pesquisadora nasceu em 1920, em Cachoeira Paulista, São Paulo, e começou a escrever ainda criança. Aos 10 anos, seus primeiros versos foram publicados em jornais de circulação local. Ficou órfã de pai e mãe aos 12 anos de idade e passou a morar com o seu avô paterno. Aos 17, mudou-se, com os quatro irmãos, para a capital paulista, e frequentou a Escola Normal. Alguns anos depois, já casada e com filhos, ingressou na Universidade de São Paulo, onde formou-se em Letras.

Consciente de sua vocação literária, em 1946 Ruth Guimarães lançou uma de suas obras mais importantes, o romance *Água funda*, que a projetou nacionalmente – o livro foi intensamente celebrado pela crítica especializada. A partir de então, a escritora passou a colaborar com a Livraria do Globo, que a publicou, e para a Cultrix, espaço em que desempenhou, em momentos diferentes, funções de tradutora, revisora, jornalista e repórter. Foi nessa mesma época que ela começou a fazer suas pesquisas sobre o folclore brasileiro, um dos elementos centrais de sua obra.

Uma de suas frases emblemáticas é: "Folclore não se ensina, vivencia-se". Além disso, Ruth Guimarães destacou-se no exercício do magistério – foi uma professora extremamente dedicada. No entanto, mesmo fazendo parte dos círculos intelectuais dos quais participavam figuras como Cecília Meireles, Abdias do Nascimento, Nelson Werneck Sodré e Mário de Andrade – que acompanhou e apoiou a produção de seu livro *Filhos do medo*, de 1950), e a despeito de sua intensa atividade literária, somente em 2008 Ruth Guimarães torna-se membro da Academia Paulista de Letras.

Ruth Guimarães tinha projetos literário e pessoal muito definidos – é impossível, em um pequeno texto, dimensionar a riqueza de sua trajetória –, e neles estão presentes a afirmação da cultura negra e do folclore brasileiros. Ela tinha plena consciência da necessidade de fortalecer o que Oswaldo de Camargo** chama de "identidade afrocaipira" na literatura do país, e trabalhou intensamente para isso não apenas em suas publicações, mas em suas manifestações públicas. Quer um exemplo? O histórico discurso que apresentamos neste livro.

** Disponível em: https://www.quatrocincoum.com.br/br/resenhas/literatura/ruth-guimaraes-afro-caipira. Acesso em: 23 maio 2023.

Ela escolhe

Minha avó, por muitos anos, não pôde votar: meu avô não permitia. Mas ela não era a única. Suas vizinhas e familiares – e muitas outras mulheres espalhadas pelo Brasil, de todas as classes sociais – também não puderam, por muito tempo, exercer o direito constitucionalmente conquistado em 1932. A interdição das mulheres nos espaços privados espelha o nível de avanço cultural, econômico, social e político de um Estado, algo que ainda acontece nos dias de hoje, mesmo que em menor escala.

Na esteira dos referidos movimentos ocorridos na década de 1930, e dos quais foi participante ativa, Carlota Pereira de Queirós, nascida em São Paulo, em 1892, foi eleita, no dia 3 de maio de 1933, a primeira mulher deputada federal brasileira – a única entre 254 representantes eleitos. Durante seu mandato, Carlota dedicou-se a diversas causas, com destaque para as área de educação, saúde, direitos trabalhistas e direitos das mulheres. Ela foi uma defensora incansável do sufrágio feminino, da equiparação salarial e da participação feminina em cargos políticos.

Mesmo após o fim de seu mandato, Carlota continuou atuando em movimentos sociais e políticos, batalhando pela igualdade de gênero. Junto a Bertha Luz e outras mulheres, teve participação fundamental na fundação da Federação Brasileira pelo Progresso Feminino – organização cujo objetivo era promover a cidadania e os direitos das mulheres.

A trajetória de Carlota Pereira de Queirós foi marcada por sua postura pioneira e inspiradora para as mulheres brasileiras no campo da política. Ao erguer sua voz, ajudou a pavimentar os caminhos para a participação feminina em cargos políticos e contribuiu significativamente para a conquista de direitos e igualdade de gênero no Brasil.

Multiplicando esperança

Viver no sertão nordestino no começo do século 20, sendo fatia da população pobre, significava não ter acesso à maioria dos serviços básicos. Certa vez, minha tia ficou gravemente doente, e o médico do precário posto de saúde da cidade não conseguiu resolver o caso. Minha avó, com sua gigantesca força de vontade e investida de um vasto amor, pôs a criança em um carrinho de mão e a levou até a cidade mais próxima, onde tinha um hospital. Ela percorreu todo o caminho no sol a pino, parando de vez em quando para enxugar o suor que escorria em sua testa.

Nessa época, Zilda Arns Neumann atuava incansavelmente em prol do desenvolvimento infantil, tornando-se uma das principais referências na área da saúde pública no Brasil. Médica pediatra e sanitarista brasileira nascida em 1934, em Forquilhinha, Santa Catarina, ela se dedicou ao atendimento de crianças nas regiões brasileiras de maior situação de vulnerabilidade social, a maioria delas no Nordeste.

Zilda foi uma das fundadoras da Pastoral da Criança, organização social de referência em todo o mundo, que tem como objetivo principal promover ações de saúde, nutrição e educação para crianças em situação de vulnerabilidade social. Ela desenvolveu um método revolucionário de atendimento às crianças chamado "método da Pastoral", que consiste em capacitar líderes comunitários para atuarem como agentes multiplicadores de informações sobre saúde, nutrição e desenvolvimento infantil. O método foi implementado em diversas regiões do Brasil, contribuindo significativamente para a redução da mortalidade infantil e para a melhoria das condições de vida de milhares de famílias.

Incansável em sua luta, Zilda também foi coordenadora da Pastoral da Pessoa Idosa, voltada para o atendimento de idosos em situação de vulnerabilidade. O seu compromisso com a promoção da vida e da dignidade humanas renderam-lhe reconhecimento nacional e internacional.

Em 2010, Zilda Arns faleceu tragicamente durante um terremoto no Haiti, onde realizava um trabalho humanitário. Sua morte foi um duro golpe para a saúde pública brasileira e para todos que a admiravam.

Em reconhecimento ao seu trabalho, ela recebeu diversos prêmios e homenagens ao longo de sua vida, tanto no Brasil quanto no exterior. Sua memória é preservada por meio da continuidade das ações da Pastoral da Criança, que hoje atua em milhares de comunidades brasileiras, levando esperança e oportunidades de vida digna para milhões de crianças e famílias.

A minha tia doente estava, na verdade, com meningite, e escapou por muito, mas muito pouco! Um milagre, eu diria. Ela não foi atendida por Zilda Arns, mas poderia ter sido.

Muito além do primeiro-damismo

No dia em que meu avô morreu, em 1995, meu pai passou muito tempo na janela de nossa casa, absorto em seus pensamentos. Ouvi quando minha mãe lhe perguntou em que ele pensava, e ele respondeu: "No quanto ele bateu na minha mãe". Minha avó foi uma das muitas vítimas de violência doméstica, tida como "natural" no começo do século 20, sobretudo nos rincões nordestinos. Quando ele a agredia, ela gritava para que os filhos saíssem, e eles obedeciam, horrorizados e impotentes. Os vizinhos nada faziam, afinal, "em briga de marido e mulher ninguém mete a colher". Ela dependia financeiramente do marido, portanto se mantinha ali, presa. Depois dos episódios de violência, ela, sem derramar uma lágrima, ia para o espaço em que guardava as imagens das entidades da umbanda e pedia a proteção de sua mãe.

Minha avó certamente teria gostado de conhecer Ruth Cardoso, uma das mais importantes antropólogas do país e uma importante figura pública no combate à violência doméstica contra as mulheres. Ruth iniciou sua carreira acadêmica em 1952, quando se formou em Ciências Sociais pela Universidade de São Paulo (USP). Em seguida, dedicou-se aos estudos de antropologia, e concluiu seu doutorado na mesma instituição. Intelectual de notável importância no meio acadêmico, pesquisou, ao longo de sua vida, questões socioculturais, como a inclusão social de comunidades de baixa renda, temas étnico-raciais e de gênero, assim como a preservação das culturas tradicionais. Além disso, lecionou em diversas universidades brasileiras e estrangeiras.

Entre outras pautas, Ruth se dedicou ao combate à violência doméstica e social. Hoje, diversas pessoas, conselhos e instituições que combatem a violência contra as mulheres recebem, anualmente, a Medalha Ruth Cardoso – uma forma de homenageá-la.

Na esfera política, ela teve um papel fundamental como primeira-dama do Brasil, de 1995 a 2002, durante o mandato presidencial de seu marido, Fernando Henrique Cardoso. No entanto, ela rechaçava o título – "não queria ser assim reconhecida", segundo o próprio ex-presidente.[***] Afugentar o primeiro-damismo e o que ele representa é um índice de que Ruth tinha plena consciência dos

---

[***] Disponível em: https://www.agazeta.com.br/brasil/ruth-cardoso--ex-primeira-dama-que-criou-terceiro-setor-completaria-90-anos-0920. Acesso em: 19 maio 2023.

imensos desafios que ela, em sua nova posição, teria de ajudar a enfrentar. Ajudar a governar um país de dimensões continentais como o Brasil, que ainda hoje sofre com uma profunda desigualdade de renda, exige do Estado e de instituições e movimentos sociais uma imensa capacidade de articulação. Assim, dentre outras coisas, ela desempenhou um trabalho significativo por meio do programa Comunidade Solidária, que tinha como objetivo combater a pobreza e promover o desenvolvimento humano nas comunidades mais vulneráveis do país.

Ruth Cardoso foi uma defensora incansável dos direitos das mulheres e da igualdade de gênero. Ela foi responsável pela criação do Programa Nacional de Direitos Humanos, que buscava fortalecer a participação das mulheres na vida pública e combater a discriminação e a violência de gênero. Por meio de seus programas, muitas delas puderam alcançar independência financeira e escapar de lares em que sofriam violências, construindo novas perspectivas.

Ruth Cardoso faleceu em 2008, mas a memória de suas iniciativas e o seu legado permanecem incentivando pessoas e instituições a lutar por um mundo mais justo e igualitário.

A educação empodera

Minha avó não frequentou a escola. Sendo moradora de um distrito de Quixeramobim, uma cidade que por si já é pequena, ela – e a grande maioria daquela população – não aprendeu a ler e a escrever. Quando, porém, os seus filhos nasceram, já havia uma escola pública na cidade, e o grande objetivo da sua vida era que eles estudassem, o que, naquela época, era incomum, para não dizer raro, porque a pobreza na região era grande, então as crianças costumavam trabalhar para ajudar no sustento da família. Mas ela queria outra realidade para seus filhos. Calejada pela vida, não posso dizer que ela foi uma pessoa doce. Era dura. Não chorava, não demonstrava fraqueza. Então usou de sua autoridade materna para garantir que eles frequentassem as aulas, todos os dias (as taxas de evasão escolar no Nordeste até hoje são altas).

Apesar de nosso país ter avançado muito no que diz respeito ao atendimento das demandas econômicas e sociais da população, ainda há muito caminho a ser trilhado, e muitas crianças e jovens brasileiros necessitam de incentivos para iniciar sua formação. Ciente disso, Rachel Maia, renomada executiva brasileira e ativista social, criou um projeto para uma fatia desse público, o Instituto Capacita-me, entidade que atende a jovens da zona sul de São Paulo em situação de vulnerabilidade social e que tem como pilares a educação e a empregabilidade, garantindo suporte pessoal, emocional e profissional.

Para chegar até aqui, porém, o caminho de Rachel Maia foi difícil, sendo uma mulher negra nascida na periferia de São Paulo, em uma família de sete irmãos, aluna de escola pública até o primeiro ano no Ensino Médio. Apesar das diferenças temporais, geográficas e culturais, há alguns pontos de contato na história dela e de minha avó: ambas viveram a escassez, a pobreza, e compartilharam as dificuldades de serem mulheres negras em um país marcado pelo racismo estrutural; mais que isso, dividiam a crença inabalável de que a educação pode mover mundos. Acreditando nisso, e apesar das imensas dificuldades por que passou, Rachel sempre investiu em seu desenvolvimento educacional e profissional – ela chegou a estudar na Universidade de Harvard, nos Estados Unidos, e na Victoria University, no Canadá. Formou-se em Contabilidade em 1991. Hoje, ela faz parte dos 0,4% de mulheres negras que ocupam cargos de presidência em empresas brasileiras.

Com uma carreira sólida, Rachel Maia se destacou em grandes empresas, ocupando posições de destaque. Ela foi CEO da Tiffany & Co. no Brasil, onde implementou estratégias inovadoras e promoveu o crescimento da marca no país. Além disso, também atuou como CEO da Pandora no Brasil, trazendo uma visão estratégica e liderando a expansão da marca no mercado brasileiro. Hoje, é CEO da Lacoste no Brasil.

Além disso, Rachel Maia compartilha sua experiência e seus conhecimentos em palestras, *workshops* e livro, abordando temas como liderança, diversidade e empoderamento feminino. Seu livro *Empodere-se: 7 caminhos para transformar sua carreira* é um sucesso editorial.

Rachel Maia é um exemplo de uma mulher que, hoje, faz parte de uma minúscula parcela da população – apenas 0,4% –, mas que é incansável na luta para que esse número cresça exponencialmente, e que muitas outras componham esse número ao seu lado.

Não nos calarão

Em agosto de 2016, recebi uma ligação da minha mãe. Ela me disse que a minha avó havia falecido. Era algo que já esperávamos – ela tinha 87 anos e sofria de Alzheimer e Parkinson. Passei um tempo digerindo a notícia e me lembrei de algo que ela havia dito semanas antes, quando fui visitá-la. Ela quase não falava, seu olhar era sempre distante, parecia estar avistando algo que não conseguíamos enxergar – e talvez isso, de fato, acontecesse. Eram raros os momentos de lucidez, mas nesse dia ela se lembrou de mim: "A filha do meu filho. Ele era doutor". Meu pai morreu em 2008, o que acelerou o processo da doença de minha avó. O maior orgulho de sua vida era poder dizer que os filhos eram "doutores". Foi tudo muito rápido, mas vi ali um lampejo de alegria no olhar dela. Segurei a sua mão e sorri. Foi o meu último encontro, em vida, com ela, mulher negra, sertaneja dos rincões nordestinos, umbandista, que viveu muitas décadas em condição de vulnerabilidade social. Ela viveu uma vida que fez a diferença em seu pequeno núcleo familiar.

A luta da minha avó se deu no âmbito privado e garantiu que as gerações seguintes de sua família tivessem boas condições de vida. Há outras mulheres, porém, que também – e digo "também" porque as mulheres enfrentam desafios nos espaços públicos e privados, concomitantemente – escolhem a luta coletiva, e Marielle Franco foi uma delas.

Marielle tinha orgulho em dizer que era "cria da Maré" – complexo que abrange 16 favelas na zona norte do Rio de Janeiro –, onde nasceu em 1979. Enfrentando todos os desafios impostos às pessoas negras e periféricas, começou a trabalhar ainda aos 11 anos como camelô, para ajudar na renda familiar. Em 1998, aos 19 anos de idade, Marielle deu à luz Luyara, sua única filha, e em 2002 ingressou no curso de Ciências Sociais da Pontifícia Universidade Católica do Rio de Janeiro (PUC-Rio), com bolsa integral do Prouni.

A sua militância em direitos humanos começou, como ela mesma disse, em um de seus discursos na Câmara de Vereadores do Rio de Janeiro, "após ingressar no pré-vestibular comunitário e perder uma amiga, vítima de bala perdida, num tiroteio entre policiais e traficantes no Complexo da Maré". Foi o início da sua história como militante dos direitos humanos, direitos das mulheres, das populações negra e LGBTQIAPN+. Além disso, lutou incansavelmente contra a violência policial nas favelas do Rio de Janeiro – começou a pesquisar o tema em sua dissertação de mestrado, intitulada *UPP – A redução da favela em três letras: uma análise da política de segurança pública do estado do Rio de Janeiro*, hoje publicada em livro.

Em 2006, Marielle integrou a equipe de campanha de Marcelo Freixo a deputado estadual. Com a vitória nas eleições, ela tornou-se assessora do parlamentar, e com ele trabalhou por cerca de 10 anos. Em 2016, decidiu candidatar-se a vereadora pelo Partido Socialismo e Liberdade (PSOL), e foi a quinta vereadora mais votada no município do Rio de Janeiro. Durante seu mandato, Marielle defendeu os direitos das mulheres, principalmente das mulheres negras, e denunciou a violência doméstica, o feminicídio e a falta de políticas públicas voltadas para essa população. Ela também atuou em defesa dos direitos da população LGBTQIAPN+, buscando combater a homofobia e a transfobia.

"Quantos mais vão precisar morrer para que esta guerra acabe?", perguntou Marielle Franco em seu Twitter no dia 13 de março de 2018. Ela estava se referindo à morte de Matheus Melo, jovem na zona norte do Rio de Janeiro baleado pela polícia quando estava saindo da igreja. No dia seguinte, ela e seu motorista, Anderson Gomes, foram assassinados a tiros quando saíam de um evento político. O crime chocou todo o país, e até hoje nos interrogamos: "Quem mandou matar Marielle Franco?", pergunta feita não apenas no Brasil, mas em diversos países, por ter sido um crime com motivações políticas.

Enquanto escrevo este texto, em 2023, cinco anos já se passaram desde o assassinato de Marielle e Anderson. Cinco anos sem respostas. Mas nunca conseguiram calar Marielle, nem depois de sua morte. Sua voz e seus propósitos são faróis que mantêm, em todas nós, acesa a esperança de que possamos viver em um mundo mais justo, sobretudo para as camadas da população historicamente esquecidas pelo Estado.

Inventando novas realidades

Enquanto digito estas palavras, penso em minha avó, em Marielle, em Rachel, em Carlota, em Ruth Guimarães, em Zilda, em Ruth Cardoso. Penso em minha mãe. Penso em mim. Penso em você. Penso em como nossas histórias se entrelaçam. Em como, de alguma forma, nossos caminhos são diferentes, mas as pedras se assemelham, e atravessam o tempo, a vida. As vidas, as nossas.

Assim como minha avó fazia no século passado, milhares de mulheres acordam cedo todos os dias para inventar uma nova realidade para si e para os seus, enfrentando desigualdades e violências em espaços públicos e privados. Questões como divisão desigual do trabalho doméstico, violência doméstica e outras formas de controle e opressão são enfrentados por nós em pleno século 21. A discriminação de gênero pode afetar o acesso a oportunidades educacionais e profissionais, limitando o progresso e o empoderamento das mulheres. Nos espaços públicos, somos vítimas de assédio sexual, transporte público inseguro, falta de acessibilidade a serviços básicos e restrições à participação política. Embora tenhamos avançado na luta pelos direitos das mulheres, ainda há uma série de desafios a serem superados. E isso só acontece quando levantamos nossas vozes. Quando falamos. Quando mulheres como estas que apresentamos neste livro desafiam o *status quo* e, ainda que ameaçadas – ou assassinadas, no caso de Marielle Franco –, lutam para que todas nós tenhamos nossos direitos garantidos. Se eu estou aqui, hoje, escrevendo este texto, é porque elas falaram. E falam. E continuarão falando, porque os seus legados reverberam e inspiram.

A luta dessas grandes mulheres está intimamente entrelaçada com a de todas aquelas que, em seus espaços privados, tentam deslocar e embaralhar, em gestos mínimos, aquilo que está estabelecido, naturalizado. Mulheres como minha avó, que, no seu simples entendimento, depois que meu avô morreu, sentiu que poderia começar a tomar posse de sua própria vida. Foi quando ela começou a falar. Falava muito. Falava sempre. Sentia que, a partir de então, o silêncio não lhe cabia mais. E começou a contar sua história, que é parecida com a de tantas brasileiras. A nossa história.

Carlota Pereira de Queirós
"Uma brasileira integrada nos destinos do seu país"

1934

❝ Além de representante feminina, única nesta Assembleia, sou, como todos os que aqui se encontram, uma brasileira, integrada nos destinos do seu país e identificada para sempre com os seus problemas.

[...]

Acolhe-nos, sempre, um ambiente amigo. Esta é a impressão que me deixa o convívio desta Casa. Nem um só momento me senti na presença de adversários. Porque nós, mulheres, precisamos ter sempre em mente que foi por decisão dos homens que nos foi concedido o direito de voto. E, se assim nos tratam eles hoje, é porque a mulher brasileira já demonstrou o quanto vale e o que é capaz de fazer pela sua gente. Num momento como este, em que se trata de refazer o arcabouço das nossas leis, era justo, portanto, que ela também fosse chamada a colaborar.

[...]

Quem observar a evolução da mulher na vida, não deixará por certo de compreender esta conquista, resultante da grande evolução industrial que se operou no mundo e que já repercutiu no nosso país. Não há muitos anos, o lar era a unidade produtora da sociedade. Tudo se fabricava ali: o açúcar, o azeite, a farinha, o pão, o tecido. E, como única operária, a mulher nele imperava, empregando todas as suas atividades. Mas as condições de vida mudaram. As máquinas, a eletricidade, substituindo o trabalho do homem, deram novo aspecto à vida. As condições financeiras da família exigiram da mulher nova adaptação. Através do funcionalismo e da indústria, ela passou a colaborar na esfera econômica. E o resultado dessa mudança foi a necessidade que ela sentiu de uma educação mais completa. As moças passaram a estudar nas mesmas escolas que os rapazes, para obter as mesmas oportunidades na vida. E assim foi que ingressaram nas carreiras liberais. Essa nova situação despertou-lhes o interesse pelas questões políticas e administrativas, pelas questões sociais.

O lugar que ocupo neste momento nada mais significa, portanto, do que o fruto dessa evolução. 99

Ruth Guimarães
"Negra, escritora, mulher e caipira"

1983

❝ Tantos fizeram o diagnóstico da situação do negro em nosso meio, que não vou por este caminho. Quero dar apenas a minha visão do posicionamento de tantos que, como eu, são vítimas e cúmplices de um *status quo*. E de alguns que, quando escapam da armadilha, são ainda mais cúmplices das forças de opressão que antes, eis que a fortuna redobra o medo de perder. Talvez seja necessário admitir que não se trata propriamente da situação do negro, mas do pobre, na acepção mais completa do termo. Isto é, o negro na situação de desvalido.

Quando li o meu nome sob o título *O Negro na Literatura Brasileira*, tive as minhas dúvidas sobre o significado. Seria a literatura do ou sobre o negro? Seria o negro personagem ou autor? Para falar como professora de Língua Portuguesa que sou: o negro seria o sujeito ou o objeto?

Sobre o negro, temos os inolvidáveis documentários de Gilberto Freyre, Nina Rodrigues, Edson Carneiro, Artur Ramos e muitos outros, como Clóvis Moura. Etnólogos, sociólogos... Não é a minha seara.

Meu romance *Água funda* saiu nos anos 1940. Eu sou da geração de 45. Surgi pela mão de Edgard Cavalheiro, Santo Edgard, para os amigos. Acontece que eu era do grupo da Baruel, onde pontificava o velho Amadeu de Queirós, a quem fui enviada para umas consultas folclóricas por Mário de Andrade. Velho Amadeu, já nessa ocasião, tinha muitas queixas dos moços. Não fazem nada, não levam nada a sério. Eu tenho 77 anos e escrevo duas horas por dia.

Eu fui escutando aquela lenga-lenga. Não disse nada. Mineiro trabalha em silêncio. Saí há alguns dias, apareci na drogaria com os originais de *Água funda*. Então, ele me mandou para o Edgard Cavalheiro e a Globo editou meu primeiro livro.

Primeiro, vou esclarecer a história de mineira. Meus pais moravam em Minas, no sul montanhoso, e minha mãe, grávida de sete meses, foi para Cachoeira Paulista, para casa dos meus avós, onde nasci. Quando eu falava que era paulista, a piadinha de minha avó era: não é porque a gata dá cria dentro do forno que o gatinho sai biscoito. Pois foi na

Drogaria Baruel que conheci Fernando Góis, jornalista de muitos méritos [...]. Militava em inúmeras associações de negros e levou a peito me introduzir nesse clima de lutas pelas reivindicações, vamos dizer, raciais. Por meio dele, conheci agremiações, clubes, sociedades, o gueto negro do Baixo Piques, as rodas de prosa da Rua Direita, com seus domingos negros, famílias de negros, as gafieiras, o Bixiga dos cortiços, tudo. Dizia ele que havia duas espécies de negros omissos: aqueles que faziam zumbaias para os brancos e viviam em clientela com eles, e se faziam de alegres, de agradáveis, de palhaços para obterem favores, o favor de serem tolerados; e aqueles que por toda a parte ficam muito quietos e muito discretos, para ninguém perceber que eles são pretos. Como eu não era nenhuma dessas espécies, e não cabia em nenhuma dessas classificações; a alternativa era a luta. Agora vem a indefinição. Lutar para obter o quê? "Igualdade", entre aspas, diante da lei nós temos.

Aos 22 anos, que era quantos anos eu tinha, ninguém me pôs claramente os objetivos.

Liberdade não é apenas uma palavra, para mim. Liberdade é rumo, é programa, é meta. Existe pouca gente livre no mundo.

Eu sou livre.

Sou livre porque conquistei, com unhas e dentes, cada centímetro do meu espaço.

Sou livre porque não entendo de lamúrias nem de queixumes.

Sou livre porque obedeço apenas à voz da minha consciência.

E sou livre também porque não ligo para dinheiro e não me importa a glória.

Nessa questão do negro, como sou meio a meio, não vejo sentido em funcionar só com a metade, seja a branca, seja a preta. Não me atenho à complacência do branco e não aceito a recriminação do negro. Tenho o direito de fazer as minhas opções por mim.

Quero ver claro nesse assunto. Que é que nós queremos? Ser absorvidos por uma civilização branca e tolerados, como os estrangeiros que já fomos, tendo que nos conformar com o que nos queira oferecer o dono da bola? O dono da terra? O dono do mundo?

[...]

Não me parece que no Brasil haja um problema específico de raça. A coisa é muito superficial, muito epidérmica.

O que há, realmente, é um problema de classe, centrado no negro por muitas razões políticas e econômicas. E o negro não saiu e não sai da senzala por falta de conhecimento.

Vejam que, quando se encontra um negro com educação superior, foi adotado por uma família de brancos, teve o respaldo dos brancos. E a situação de clientela continua. Acabamos perdidos numa sociedade com a qual nada temos que ver. Para o artista negro não há peças. Quem as escreve? Onde estão os escritores negros? Estão na periferia, nos cortiços, nas favelas. De onde surgirão quando houver um direcionamento, numa conscientização geral, por parte da sofrida população negra. Não é a pobreza somente o que a segura. É o condicionamento da senzala.

Agora vem o questionamento mais importante: o que vim fazer aqui? Por que vim? À Nestlé e ao mundo.

Negra eu sou, o que não é nenhuma originalidade neste país. Negra e escritora, o que já constitui um modo singular de ser, dadas as circunstâncias. Também sou escritora regional, e, como caipira, a única.

Negra, escritora, mulher e caipira. Eis aí as minhas credenciais!

Também sou professora, e a minha cátedra é o meu púlpito. [...]

E eu sou escritora. A minha máquina de escrever é uma arma.

O que venho, pois, fazer aqui?

Eu venho aos negros da minha terra, meus irmãos, pregar o orgulho.

Os personagens negros dos meus contos negros, alguns publicados por aí, alguns inéditos, são negros feitos de pedra e aço.

[...]

Repetindo e parafraseando Brecht: se o negro tem fome, se está vexado, humilhado, ofendido, agarre o livro. É uma arma.

Pendurado nos ônibus cheios, nos andaimes das construções, roto, ferido, fracassado, agarre o livro. É uma arma.

Eu venho aos negros pregar o orgulho: de sua pele de bronze ou ébano. Do seu trabalho, da sua inteligência, da sua bondade, de sua alegria, do seu samba, de seu lugar no mundo.

Sem escola e sem orgulho, o que nos resta? Porteiro, contínuo, cama, cozinha, fundo de quintal e porta dos fundos. Resta apenas irmos para onde nos empurram.

Qualquer trabalho é honroso, por escolha, não por força.

Nosso lugar é em todos os lugares.

Nós estamos aqui. Nós estamos aqui para ficar. Queiram ou não queiram, nós somos o povo brasileiro. E já que estamos aqui, já que nos trouxeram, só o que falta é sermos. Era só o que faltava, sermos estrangeiros em nossa própria terra.

[...]

Pois vim aos negros pregar o orgulho.

Não queremos bondade, nem tolerância, nem paternalismo. Não queremos nem que falem por nós. Apenas escutem.

Queremos igualdade, não concedida, mas conquistada.

Esta terra é nossa.

Eu vim hoje, aos negros que me ouvem, pregar o orgulho.

Negra! Eu sou. Com muita honra! ”

Ruth Cardoso
"O combate à pobreza é parte essencial da luta das mulheres brasileiras em prol da igualdade"

1995

❝ Pela quarta vez em vinte anos, representantes de todo o mundo se reúnem para avaliar os progressos alcançados nesse período, discutir os obstáculos que todavia persistem no caminho da integração da mulher ao desenvolvimento e propor as ações necessárias para assegurar à maioria da população mundial o direito à plena cidadania.

Desde a Conferência de Nairobi a situação da mulher progrediu em muitos aspectos, graças à mobilização realizada pela comunidade internacional e, também, à ação continuada e consistente dos grupos de mulheres em cada país. Não obstante, constatamos que os avanços logrados não foram suficientes para atingir a igualdade desejada.

Os progressos conseguidos até aqui graças a estes esforços e consolidados nas Conferências do Rio de Janeiro, de Viena, Cairo e Copenhagen – e que aqui devemos reiterar, sem recuos e sem hesitações – proporcionam, neste momento, as bases para a construção de uma nova agenda na luta pela emancipação das mulheres.

Nesta agenda, as mulheres hão de ser não somente beneficiárias mas, sobretudo, promotoras do desenvolvimento sustentado e com equidade. Seremos agentes de um novo modelo de civilização que não abrigue a pobreza como fatalidade mas, ao contrário, assuma o desenvolvimento como compromisso global. Teremos como horizonte uma democracia que, reconhecendo a existência de diferenças entre sexos, seja capaz de garantir-lhes a igualdade de direitos. Assim entendida, a luta das mulheres pela igualdade não é uma luta apenas em seu próprio benefício. É uma luta em benefício de todos e se confunde, por isso mesmo, com o fortalecimento da própria democracia.

O aumento da pobreza, do desemprego e da exclusão social, infelizmente, caracterizam o mundo contemporâneo. Como sabemos, esses processos afetam desigualmente homens e mulheres. Por isso, esta Conferência, ao dar visibilidade à feminização da pobreza, torna inequívoca a relação entre a autonomia das mulheres e a melhoria da qualidade de vida. E é por isso que o combate à pobreza e a promoção do desenvolvimento se inserem, inexoravelmente, na luta das mulheres. O reconhecimento dessa articulação nos obriga a ir além das declarações de intenção. Exige de todos um compromisso global com programas eficazes de combate à desigualdade e à discriminação.

O movimento de mulheres, o governo e o povo brasileiros reafirmam seus compromissos com essa agenda.

No Brasil, nos últimos anos, graças a ação consequente dos grupos de mulheres, importantes conquistas foram conseguidas, embora o caminho a percorrer ainda seja longo.

Assim, a Constituição brasileira de 1988 reconheceu novos direitos entre os quais cabe mencionar a proibição de discriminação de qualquer natureza entre os sexos, a proteção às mães solteiras, a licença-maternidade de quatro meses e licença-paternidade de uma semana e a garantia de informações e de meios para a decisão livre sobre o planejamento familiar. Trata-se, agora, de incorporar esses direitos à realidade do dia a dia.

Também foram significativos os avanços institucionais com a criação e a revitalização dos Conselhos de Defesa de Direitos da Mulher, a nível nacional, estadual e municipal e com a implantação das Delegacias de Defesa da Mulher, que têm servido de modelo para outros países.

Conseguimos desenhar políticas governamentais inovadoras, como o Programa de Assistência Integral à Saúde da Mulher, cujos princípios são os mesmos que inspiraram as diretrizes da Conferência do Cairo, voltado para o atendimento da mulher em todas as fases de seu ciclo vital, com ênfase no respeito aos direitos reprodutivos. A implementação dessa política é, para nós, um desafio, uma prioridade e um compromisso.

Temos muito que avançar na diminuição das taxas de mortalidade materna, na redução da gravidez precoce e na prevenção das doenças sexualmente transmissíveis, do câncer de mama e de colo útero, que atingem sobretudo as mulheres jovens. Na área de planejamento familiar, parte integral de uma política de saúde e direitos reprodutivos, é necessário ampliar a informação e diversificar o acesso a meios contraceptivos seguros.

Tem havido, também, crescente participação das mulheres no mercado de trabalho. Entretanto, apesar da significativa melhoria da escolaridade das mulheres em todos os níveis, persistem grandes diferenças de salário entre homens e mulheres, para um mesmo trabalho. Isso indica a profundidade da discriminação de gênero e a importância de que a sociedade brasileira se mobilize para reverter este quadro.

A presença das mulheres nas organizações da sociedade civil tem crescido e tem sido marcante, apontando novos caminhos para a participação social e política. Contudo, ainda é reduzida a presença das mulheres na direção dos partidos políticos, no Congresso Nacional e nos altos cargos do Executivo.

[...]

O combate à pobreza é parte essencial da luta das mulheres brasileiras em prol da igualdade, do desenvolvimento e da paz. Entre outros instrumentos desse combate, o governo brasileiro, em articulação com a sociedade civil, criou o Programa Comunidade Solidária que presido. Sua estratégia de ação envolve uma estreita colaboração com o Conselho Nacional dos Direitos da Mulher, o que define e garante a perspectiva de gênero no enfrentamento da pobreza e da desigualdade.

No Brasil, o combate à desigualdade envolve a oferta de serviços sociais básicos, públicos e de caráter universal. Como mostra o exemplo da educação pública, a disponibilidade destes serviços possibilitou às mulheres aumentar seu nível educacional. Por isso, é fundamental que se amplie essa oferta e que se melhore a qualidade desses serviços, especialmente nas áreas de saúde, saneamento e qualificação para o trabalho.

A violência de que são vítimas as mulheres saiu da invisibilidade graças à ação do movimento de mulheres. Hoje reconhecida como crime, exige punição que caberá à Justiça brasileira garantir sem complacência. Por outro lado, estamos convencidas da importância da prevenção, onde os meios de comunicação de massa têm papel insubstituível. Campanhas de opinião pública caracterizando a violência como inaceitável já vêm sendo implementadas e deverão continuar até vencermos a naturalidade com que a violência se havia instalado na cultura.

Falar às mulheres brasileiras implica dirigir-se a mais de 70 milhões de pessoas, espalhadas por um território de dimensões continentais. Em nossa história recente, experimentamos a grande capacidade de integração dos meios de comunicação de massa e seu poder de influenciar usos e costumes e de mudar mentalidades. Também os modernos recursos da informática acenam com possibilidades pouco exploradas de difusão rápida de informação e de formação.

A comunicação toma-se, assim, um espaço político em si, estratégico para a defesa da igualdade, do desenvolvimento e da paz. 99

Zilda Arns
"A construção da paz"

2010

❝ A construção da paz começa no coração das pessoas e tem seu fundamento no amor, que tem suas raízes na gestação e na primeira infância e se transforma em fraternidade e responsabilidade social. A paz é uma conquista coletiva. Tem lugar quando encorajamos as pessoas, quando promovemos os valores culturais e éticos, as atitudes e práticas da busca do bem comum.

[...]

Espera-se que os agentes sociais continuem, além das referências éticas e morais de nossa igreja, ser como ela, mestres em orientar as famílias e comunidades, especialmente na área da saúde, educaçao e direitos humanos.

Hoje vou compartilhar com vocês uma verdadeira história de amor e inspiração divina, um sonho que se fez realidade.

[...]

Com alegria vou contar o que 'eu vi e o que tenho testemunhado' há mais de 26 anos desde a fundação da Pastoral da Criança, em setembro de 1983. Aquilo que era uma semente, que começou na cidade de Florestópolis, estado do Paraná, no Brasil, se converteu no Organismo de Ação Social da Conferência Nacional dos Bispos do Brasil, presente em 42 mil comunidades pobres e nas 7 mil paróquias de todas as dioceses da Brasil.

Por força da solidariedade fraterna, uma rede de 260 mil voluntários, dos quais 141 mil são líderes que vivem em comunidades pobres, 92% são mulheres, e participam permanentemente da construção de um mundo melhor, mais justo e mais fraterno, a serviço da vida e da esperança. Cada voluntário dedica, em média, 24 horas por mês a essa missão transformadora de educar as mães e famílias pobres, compartilhar o pão da fraternidade e gerar conhecimentos para a transformação social.

O objetivo da Pastoral da Criança é reduzir as causas da desnutrição e a mortalidade infantil, promover o desenvolvimento integral das crianças, desde sua concepção até seis anos de idade. A primeira infância é uma etapa decisiva para a saúde, a educação, a consolidação dos valores culturais, o cultivo da fé e da cidadania com profundas repercussões por toda a vida.

[...]

Viúva fazia cinco anos, eu estava, naquela noite histórica, reunida com os cinco filhos, entre nove e 19 anos, quando recebi a chamada telefônica do meu irmão d. Paulo. Ele me contou o que havia passado e me pediu para refletir. Como tornar realidade a proposta da Igreja de ajudar a reduzir a morte das crianças? Eu me senti feliz diante desse novo desafio. Era o que mais desejava: educar as mães e famílias para que soubessem cuidar melhor de seus filhos!

Tive a seguridade de seguir a metodologia de Jesus: organizar as pessoas em pequenas comunidades; identificar líderes, famílias com grávidas e crianças menores de seis anos. Os líderes que se dispusessem a trabalhar voluntariamente nessa missão de salvar vidas seriam capacitados, no espírito da fé e da vida, e preparados técnica e cientificamente em ações básicas de saúde, nutrição, educação e cidadania.

Seriam acompanhados em seu trabalho para que não desanimassem. Teriam a missão de compartilhar com as famílias a solidariedade fraterna, o amor, os conhecimentos sobre os cuidados com as grávidas e as crianças, para que estes sejam saudáveis e felizes. Assim como Jesus ordenou que considerassem se todos estavam saciados, tínhamos que implantar um sistema de informações, com alguns indicadores de fácil comprensão, inclusive para líderes analfabetos ou de baixa escolaridade. E vi muitos gestos de sabedoria e amor aprendidos com o povo.

Senti que ali estava a metodologia comunitária, pois podia se desenvolver em grande escala pelas dioceses, paróquias e comunidades. Não somente para salvar vidas de crianças, mas também para construir um mundo mais justo e fraterno. Seria a missão do "Bom Pastor", que está atento a todas as ovelhas, mas dando prioridade àquelas que mais necessitam.

Naquela maravilhosa noite, desenhei no papel uma comunidade pobre, onde identifiquei famílias com grávidas e filhos menores de seis anos e líderes comunitários, tanto católicos como de outras confissões e culturas, para levar adiante ações de maneira ecumênica. Isto é o que precisa ser feito aqui no Haiti: fazer um mapa das comunidades pobres, identificar as crianças menores de seis anos e suas famílias e líderes comunitários que desejam trabalhar voluntariamente.

Desde a primeira experiência, a Pastoral da Criança cultivou a metodologia de Jesus, que é aplicada em grande escala. A educação e a comunicação individual se fazem através da Visita Domiciliar Mensal às famílias com grávidas e filhos. Os líderes acompanham as famílias vizinhas nas comunidades mais pobres, nas áreas urbanas e rurais, nas aldeias indígenas e nos quilombos, e nas áreas ribeirinhas do Amazonas.

Atravessam rios e mares, sobem e descem montes de encostas íngremes, caminham léguas para ouvir os clamores das mães e famílias, para educar e fortalecer a paz, a fé e os conhecimentos. Trocam ideias sobre saúde e educação das crianças e das grávidas; ensinam e aprendem. Com muita confiança, fortalecem o tecido social das comunidade, o que leva à inclusão social.

Motivados pela Campanha Mundial patrocinadas pela ONU, em 1999, com o tema "Uma Vida sem Violência é um Direito Nosso", a Pastoral da Criança incorporou uma ação permanente de prevenção da violência com o lema "A Paz Começa em Casa".

[...]

A desnutrição foi controlada. De mais de 50% de desnutridos no começo, hoje está em 3,1%. A mortalidade infantil foi drasticamente reduzida e hoje está em 13 mortos por mil nascidos vivos nas comunidades com Pastoral da Criança. O índice nacional é 23,3, mas se sabe que as mortes em comunidades pobres, onde estão a Pastoral da Criança, é maior que é na média geral. Em 1982, a mortalidade infantil no Brasil foi 82,8 mil nascidos vivos. Esses resultados têm servido de base para conquistar entidades como Ministério da Saúde, Unicef, Banco HSBC e outras empresas. Elas nos apoiam nas capacitações e em todas as atividades básicas de saúde, nutrição, educação e cidadania. O custo criança/mês é de menos de US$ 1.

[...]

Estou convencida de que a solução da maioria dos problemas sociais está relacionada com a redução urgente das desigualdades sociais, com a eliminação da corrupção, a promoção da justiça social, o acesso à saúde e à educação de qualidade, ajuda mútua financeira e técnica entre as nações, para a preservação e restauração do meio ambiente. Para não sucumbir, exige-se uma solidariedade entre as nações. É a solidariedade e a fraternidade aquilo de que o mundo precisa mais para sobreviver e encontrar o caminho da paz.

Os resultados do trabalho voluntário, com a mística do amor a Deus e ao próximo, em linha com nossa mãe Terra, que a todos deve alimentar, nossos irmãos, os frutos e as flores, nossos rios, lagos, mares, florestas e animais.

Como pássaros, que cuidam de seus filhos ao fazer um ninho nas árvores e nas montanhas, longe de predadores, ameaças e perigos, e mais perto de Deus, deveríamos cuidar de nossos filhos como um bem sagrado, promover o respeito a seus direitos e protegê-los. 99

Marielle Franco
"O que é ser mulher?"

2018

❝ Uma palavra de ordem para a nossa vida em meio a essa crise: que nós possamos viver com respeito a todas, cada uma com seu corpo, cada uma à sua maneira, cada uma na sua forma de resistência diária!

Neste dia 8 de março, ocupando uma das apenas sete cadeiras aqui do Parlamento Municipal, precisamos sempre nos perguntar: o que é ser mulher? O que cada uma de nós já deixou de fazer ou fez com algum nível de dificuldade pela identidade de gênero, pelo fato de ser mulher? A pergunta não é retórica; ela é objetiva, é para refletirmos no dia a dia, no passo a passo de todas as mulheres, no conjunto da maioria da população, como se costuma falar, que infelizmente é sub-representada.

Este 8 de março é um março histórico, um março em que falamos de flores, lutas e resistências, mas um março que não começa agora e muito menos é apenas um mês para pautar a centralidade da luta das mulheres. A luta por uma vida digna, a luta pelos direitos humanos, a luta pelo direito à vida das mulheres precisa ser lembrada, e não é de hoje, é de séculos, inclusive com origem em séculos passados, quando nas greves e manifestações, principalmente as russas, no período pré-revolucionário, mulheres lutaram com firmeza, lutaram pelos direitos trabalhistas.

[...]

No dia 5, segunda-feira, foi aniversário de uma mulher que é referência para mim, que disputou o partidão, Rosa Luxemburgo, que era coxa. A história conta que ela figurava ali com 1,50 m de altura, ia para a linha de frente do *front* da luta política do seu momento na história. Se é tempo de outro momento histórico, é tempo, sim, de celebrar o 8 de março; é tempo, sim, de reivindicar que esse 8 de março começa muito antes. Como diria a Rosa, aniversariante do dia 5, nós, mulheres, na nossa diversidade e resistência, lutamos por um mundo no qual sejamos socialmente iguais, humanamente diferentes e totalmente livres.

Inclusive neste momento em que a democracia se coloca frágil, quando se questiona se vai ter processo eleitoral ou não, quando vemos todos os escândalos com relação ao Parlamento, falar das mulheres que lutam por outra forma de fazer política no processo democrático é fundamental. Inclusive em tempos em que a justificativa da crise, a precarização, a dificuldade da vida das mulheres são apresentadas, mas tudo com muita dificuldade real.

[...]

Uma escritora de que gosto muito, Chimamanda, fala que isso só vai ser alterado se as mulheres que estão no espaço de poder de fato trouxerem, derem o pé, abraçarem, acolherem, construírem com outras mulheres. Se este Parlamento é formado apenas por 10%, 13% de mulheres, nós somos a maioria nas ruas. E sendo a maioria nas ruas, somos a força exigindo a dignidade e o respeito das identidades. Infelizmente, o que está colocado aí nos vitima ainda mais. O lema deste ano – daqui a pouco estaremos na Candelária –, um dos lemas que a gente coloca de valorização da vida das mulheres é quando as mulheres internacionalistas falam, quando param nas greves internacionais, é quando as mulheres falam: 'sim, nós somos diversas, mas não estamos dispersas'. Estamos construindo uma sociedade que, de fato, sendo a base da pirâmide, constrói esta cidade, da mesma forma que a maestrina Chiquinha Gonzaga construiu.

Daqui a pouco, no final do dia, nós, parlamentares, e nós, mulheres, estaremos felicitando aqui, com a Medalha Chiquinha Gonzaga, a Dida. Uma mulher que faz política com afeto, que faz gastronomia, que organiza o lugar de resistência na Praça da Bandeira, esse lugar de encontros das potentes mulheres negras, de resistência – Dida Bar.

Pra encerrar, gostaria de reforçar e dizer das mulheres negras que são nossas referências. Quero citar Audre Lorde, mulher negra, lésbica, escritora de origem caribenha, mas dos Estados Unidos. Feminista e ativista pelos direitos civis. 'Eu não sou livre enquanto outra mulher for prisioneira, mesmo que as correntes dela sejam diferentes das minhas. Por isso, nós vamos juntas, lutando contra toda forma de opressão'. 99

Rachel Maia
"Nós estamos iniciando esse arado"

2018

❝ Quando nós não estivermos mais espantados em função do gênero ou da raça, naturalmente nós atingiremos um estágio diferenciado. Hoje nós ainda precisamos enaltecer o gênero e a raça em função de um mercado que não mostra um crescimento, então isso ainda é um choque. Enquanto os números não crescerem, enquanto [...] 4% de executivos dentro do mercado representarem um gênero que dentro de uma população representa 51%, você está abaixo de um equilíbrio razoável.

Então eu acredito que nós podemos e devemos falar sobre o tema. Não que seja o ponto mais importante. Eu acho que nós devemos prestar atenção ao fato de que a diversidade no gênero traz enriquecimento para a empresa como um todo. Por isso as pessoas veem cada vez mais minha carinha estampada por aí – elas querem entender como trazer essa inclusão. Não é tão simples.

Eu acho que falta discutir mais, não ter vergonha de falar sobre o assunto, porque até ontem era um tabu ter investidores, e que eles não representassem o sexo masculino. Hoje está tudo bem, desde que você abra. Então nós precisamos não só mudar a cabeça dos presidentes, mas dos investidores, daqueles que admitem os gestores das suas áreas, não ter pré-conceito sobre aquilo que não é igual. Nós temos muito a aprender, mas eu vejo, hoje, o momento em que a sociedade admite ter um problema social no tocante à diversidade.

[...]

Em um evento ao qual fui convidada, uma pessoa levantou a mão da plateia. [...]. Foi o presidente de uma grande administradora de cartão de crédito. Ele levantou a mão (nós nos tornamos amigos) e falou: 'Rachel, me ensina a fazer inclusão'. Um presidente super-reconhecido, um presidente por quem todos ali estavam sentados – parte por causa minha pessoa, parte por causa dele. Ele fez um papel de influenciador. Não tem problema nenhum você desconhecer; o problema é permanecer na ignorância. Então ele se fez ali muito mais importante do que aquilo que eu fui compartilhar. Ele se abriu ao admitir não saber como fazer, e aí a gente consegue fazer a coisa acontecer. Eu fiquei extremamente enaltecida ouvindo a pergunta dele, que muitas vezes foi o meu mentor.

Eu acho que, vindo de presidentes do gênero masculino, essa dúvida faz com que a gestão, os líderes se coloquem em uma posição de não ver problema em não saber e se abrirem para aprender. E hoje tem muitos movimentos. Nós temos uma das grandes líderes, a Luiza Trajano. Eu faço parte do 'Mulheres do Brasil' [...], onde fico uma vez por semana junto a ela, trabalhando e entendendo uma forma para que a gente não crie só projetos, mas que os aplique e veja como eles se efetivam nos índices [...].

É preciso ter essa consciência de que somos aradores, para que alguém venha plantar. E saber que, para que alguém colha, são preciso, no mínimo, gerações. Mas é necessário começar, caso contrário a gente não faz base sólida. Nós estamos iniciando esse arado. 🙵🙵

©2023, Pri Primavera Editorial Ltda.

©2023, by Yvette Cooper

Equipe editorial: Lu Magalhães, Larissa Caldin, Manu Dourado, Joice Nunes e Joana Atala
Preparação: João Paulo Putini
Revisão: Fernanda Guerriero Antunes e Joice Nunes
Projeto gráfico e diagramação: Manu Dourado
Capa: Fernanda Porto

Dados Internacionais de Catalogação na Publicação (CIP)
Angelica Ilacqua CRB-8/7057

Cooper, Yvette
 Ela fala : mulheres que inspiram mudanças, transformam, vidas e marcam a história / Yvette Cooper. -- São Paulo : Primavera Editorial, 2023.
 392 p.

ISBN 978-85-5578-121-6

1. Mulheres - Discursos, ensaios e conferências I. Título

23-0062 CDD 305.4

Índices para catálogo sistemático:

1. Mulheres - Discursos, ensaios e conferências

PRIMAVERA
EDITORIAL
Av. Queiroz Filho, 1560 - Torre Gaivota Sl. 109
05319-000 - São Paulo - SP
Telefone: + 55 (11) 3034-3925
+ 55 (11) 99197-3552
www.primaveraeditorial.com
contato@primaveraeditorial.com

Todos os direitos reservados e protegidos pela lei 9.610 de 19/02/1998. Nenhuma parte desta obra poderá ser reproduzida ou transmitida por quaisquer meios, eletrônicos, mecânicos, fotográficos ou quaisquer outros, sem autorização prévia, por escrito, da editora.